Simples e devagar

Dados Internacionais de Catalogação na Publicação (CIP)
(Câmara Brasileira do Livro, SP, Brasil)

Grün, Anselm
Simples e devagar : como descomplicar a vida / Anselm Grün ; tradução de Markus A. Hediger. – Petrópolis, RJ : Vozes, 2025.

Título original: Was mein Leben leichter macht
ISBN 978-85-326-7259-9

1. Conduta de vida – Aspectos religiosos 2. Espiritualidade – Cristianismo I. Título.

25-278680 CDD-248

Índices para catálogo sistemático:
1. Espiritualidade : Cristianismo 248

Eliete Marques da Silva – Bibliotecária – CRB-8/9380

Anselm Grün

Simples e devagar

Como descomplicar a vida

Tradução de Markus A. Hediger

EDITORA VOZES

Petrópolis

Tradução do original em alemão intitulado *Was mein Leben leichter macht. Zwölf Wege zu mehr Zufriedenheit und innerer Stärke* by Anselm Grün edited by Rudolf Walter.

Direitos de publicação em língua portuguesa – Brasil:
2025, Editora Vozes Ltda.
Rua Frei Luís, 100
25689-900 Petrópolis, RJ
www.vozes.com.br
Brasil

Diagramação: Editora Vozes
Revisão gráfica: Nilton Braz da Rocha
Capa: Rafael Machado

ISBN 978-85-326-7259-9 (Brasil)
ISBN 978-3-451-03900-3 (Alemanha)

Este livro foi composto e impresso pela Editora Vozes Ltda.

Sumário

7 *Introdução*

15 Volte-se para dentro: cuide de sua alma
31 Faça jus ao corpo
45 Diminua o estresse, evite o que sobrecarrega
61 Encontre sua força interior
73 Dê estrutura ao dia a dia
89 Busque viver no aqui e no agora
99 Simplifique os relacionamentos
117 Abra a mão e solte: fique mais leve
137 Cultive a gratidão, contente-se
149 Aprenda a permitir-se desfrutar
159 Viver com a natureza e na natureza
171 Confiança, esperança, fé

187 *Fontes*

Introdução

Por que as pessoas que aparentam ter tudo vivenciam sua vida hoje como tão difícil? Por que muitas se sentem internamente tão sobrecarregadas, divididas e desequilibradas? As razões podem ser as mais variadas. Muitas vezes, porém, a razão são as altas expectativas que temos em relação à vida, às pessoas que convivem conosco, à sociedade e, também, a nós mesmos. Não raramente, o grito de guerra é "autodesenvolvimento". Mas quem tenta implementar esse programa nunca será totalmente contente. Pois sempre poderia ter um desempenho ainda melhor, aperfeiçoar ainda mais suas habilidades, projetar uma imagem sua ainda mais perfeita. Mas quanto mais espero da vida, mais me chocarei contra as circunstâncias reais da vida em que me encontro.

Quais poderiam ser os caminhos para uma satisfação interior? Existe uma chave que me ajuda a viver em um equilíbrio melhor? A pessoa que fizer essas perguntas, primeiro terá que fazer outra pergunta: De onde vem essa postura de altas expectativas que tantas pessoas têm? A minha impressão é que, muitas vezes, as pessoas não estão em contato consigo mesmas. Elas não percebem a si mesmas. Perderam seu centro. E, assim, esperam que a solução para seus problemas venha de fora, dos outros, das coisas. Algumas pessoas acreditam: quanto mais complicado for o caminho, mais longe conseguirei chegar em meu caminho em busca de meu objetivo de me tornar mais popular, mais hábil, mais contente ou mais feliz. E, por isso, confiam nos métodos do autodesenvolvimento.

No entanto, poderia ser tão fácil. Seria fácil dizer: "Eu sou eu próprio". Jesus disse essas palavras após sua ressurreição: "Ego eimi autos" – "Eu sou eu próprio" (Lc 24,39). Na filosofia estoica da Antiguidade "autos" designava o santuário interior da pessoa. Trata-se do lugar em que ela pode ser totalmente ela mesma e onde ela não é determinada por nada que venha de fora. Muitas pessoas que perderam a relação consigo mesmas projetam suas expectativas para fora: olham para as valorizações e expectativas dos outros e se orientam por elas. Ou esperam que a ajuda venha de eventos externos ou esperam que seus problemas sejam solucionados por meio de métodos complexos oferecidos pelas diferentes vertentes da psicologia. Acreditam que, assim, poderão encontrar a si mesmas, entrar em harmonia consigo mesmas e encontrar seu centro. Só então, acreditam, poderão simplesmente ser: somente por meio desse esforço poderiam se livrar da pressão de provar a si mesmas, de justificar a si mesmas e de representar a si mesmas.

Mas ao fazerem isso ignoram algo decisivo. O espaço interno já existe, esse santuário interior, no qual são totalmente si mesmas. Basta que encontrem o acesso a esse espaço interior. Muitos dizem: Mas não consigo acessar esse espaço. Muitas vezes, porém, já ajuda quando simplesmente imagino que esse espaço sagrado existe dentro de mim. Sagrado é tudo aquilo que se esquiva da influência do mundo, sobre o qual o mundo não tem poder. Nesse espaço, apenas me reconheço como sou, como uma pessoa que já possui um valor e não precisa primeiro trilhar um caminho cansativo para desenvolver sua identidade.

Hoje em dia, as pessoas sofrem além da insegurança externa, com a qual as mídias nos confrontam constantemente: além da guerra na Ucrânia, além da guerra na Palestina, além da situação política instável no próprio país, além do medo da mudança climática. Muitas pessoas sentem também uma insegurança em si mesmas. Não sabem quem realmente são. Assim, entram numa crise de identidade. Elas não sabem mais quem realmente são, o que é importante para elas. Essa crise de identidade é intensificada pelas mídias sociais. Elas nos apresentam constantemente novos e diferentes caminhos para alcançarmos satisfação e felicidade. Muitos se sentem pressionados a experimentar esses caminhos muitas vezes totalmente contraditórios. E não conseguem chegar a lugar algum. As mídias sociais nos convidam a comparar-nos constantemente com os outros. Mas quanto mais cedemos a essa tentação e nos orientamos pelos outros, mais aumenta nosso sofrimento. Pois sempre existem pessoas que têm mais sucesso na vida do que nós.

Outra razão que torna a vida complicada é a falta de moderação. São Bento chamava a moderação sábia de "a mãe de todas as virtudes". Sua regra, que se baseia nesse conhecimento, se sustentou por mais de 1500 anos. Se traduzíssemos o que São Bento formulou para seus monges para os dias de hoje e as necessidades de nossa sociedade, na qual o consumo ocupa um espaço tão importante, acredito que poderíamos reformular o conceito da moderação como o ideal da sustentabilidade. E não se trata de apenas lidar de forma prudente com os recursos da criação, para que não sejam desperdiçados ou gastos precocemente e para que o mundo não seja prejudicado duradouramente. Esse princípio da moderação vale sobretudo para como lidamos com nossas próprias forças. Daniel Hell, um psiquiatra suíço, acredita: muitas vezes, as depressões são um grito de socorro da alma contra as autoimagens exageradas, contra a ideia desmedida de que sempre temos que ser perfeitos, bem-sucedidos e populares, de que sempre temos que estar no controle de tudo, de que sempre precisamos ser o centro das atenções, de que sempre precisamos ser reconhecidos pela sociedade. A própria alma nos mostra a medida certa. Aquele que viola a sua medida, aquele que não aceita seus limites, adoece. Ou, no mínimo, sua vida se torna exaustiva. Ela é marcada pela insatisfação e pela inquietação interna.

O objetivo da vida simples não é retirar-nos da divisão e fragmentação deste mundo para o próprio si-mesmo. Tampouco significa concentrar-nos apenas nos aspectos privados e puramente pessoais da vida. Vivemos com outros num mundo e dependemos deste mundo. No entanto, o inverso também se aplica: nós mesmos também exercemos uma influência sobre o mundo. Quando levamos uma vida simples, isso tem um efeito sobre o meio-ambiente, não só sobre a natureza, mas também sobre a sociedade. O médico Eckart von Hirschhausen aponta para a relação entre dentro e fora quando diz que a forma de viver mais favorável para o clima é a vida simples. A explicação simples, mas lógica, para sua convicção é: aquele que trilha o caminho espiritual, aquele que consegue reunir a coragem de olhar para dentro e de encontrar seu apoio no mundo interno, acaba gastando menos recursos no mundo externo.

O caminho espiritual não leva apenas para dentro, mas também para uma nova solidariedade. Às vezes, os primeiros monges são acusados de só terem se preocupado com o bem-estar da própria alma. Mas quando lemos as palavras dos padres do século IV, percebemos: esses eremitas no deserto egípcio se sentiam responsáveis pelo mundo inteiro. Sua experiência lhes dizia: quando derrotamos os demônios em nosso próprio interior, isso tem consequências para a sociedade. Pois então seu comportamento deixa de ser dominado pelos demônios, por pensamentos obsessivos e gananciosos, e eles passam a emanar liberdade e amor. Quando, no lugar mais sombrio do mundo – o deserto era visto como o lugar mais escuro, como esfera de domínio dos demônios –, eles ajudam a fazer com que a luz invada a escuridão, quando o lugar em que eles agem começa a brilhar, o mundo inteiro se torna menos escuro. O exemplo dos monges mostra que, com tudo que pensamos e sentimos e com a forma em que agimos e vivemos, nós somos responsáveis pelo estado do mundo.

Eu mesmo sou responsável pela postura com a qual enfrento o dia e com a qual interajo com as pessoas. Minha tentativa de criar clareza em minha alma esclarece também algo na sociedade. Por isso, a nossa tentativa de levar uma vida honesta e autêntica, de olhar para as próprias paixões e de transformá-las, sempre exerce um efeito sobre o nosso ambiente. Cada um inscreve um rastro neste mundo com sua vida. E cabe a nós a responsabilidade de escolher o rastro que queremos inscrever nele: um rastro de insatisfação e da falta de moderação, um rastro de amargura e resignação ou um rastro de esperança e de amor, de misericórdia e de ternura.

Quando as pessoas me contam de sua vida difícil, de suas decepções e feridas, tento honrar e entender sua vida dura com todas as feridas que a vida desferiu nelas. Mas então eu digo: "Sim, isso é terrível. Mas, agora, o que importa é o rastro que você deseja inscrever no mundo. Se você se reconciliar com sua vida agora, você poderá inscrever um rastro de ternura e esperança neste mundo. Assim, você fará uma contribuição importante para a humanização do nosso mundo". Não raramente, são principalmente as pessoas idosas que acreditam ser um peso para a sociedade. Então tento dizer-lhes que, com o rastro de sua vida, elas ajudam a definir a sociedade. E a atmosfera numa sociedade depende justamente daquilo que emana das pessoas idosas, mas também de todos nós: amargura ou misericórdia, resignação ou esperança, agressão ou ternura.

Este livro descreve doze caminhos para uma vida simples. Doze é o número da comunhão. Israel tinha doze tribos, doze era o número dos apóstolos. O número doze nos diz: sempre estamos em uma relação com outras pessoas, vivemos em comunhão com todas as pessoas. Somos – como já dizia Aristóteles – um "zoon politikon": ou seja, pessoas que só podem desdobrar sua natureza na comunhão com outros. Até mesmo as pessoas que vivem sozinhas, vivem, também em sua solidão, sempre em relação com a comunidade. E o modo como elas vivem sua solidão também tem efeitos sobre os outros, sobre a comunidade, sobre a sociedade, sobre o mundo em que vivem. Portanto, quando falamos sobre a vida simples, não estamos nos referindo ao recuo para o privado, mas à responsabilidade que devemos assumir pelo mundo inteiro. No entanto, aquele que busca levar uma vida simples não olha constantemente para o mundo inteiro. Ele também não precisa se informar sobre tudo que acontece no mundo. Ele leva sua vida simples, mas sempre ciente de sua responsabilidade pelo mundo inteiro.

Este livro apresenta uma peculiaridade no sentido de que desdobrarei nele não só meus pensamentos sobre a vida simples. Incluirei também muitos leitores da revista *Einfach Leben* [Vida simples]. Eles foram convidados a contarem algo sobre sua vida e a escreverem algo sobre o que é uma vida simples para eles. Muitas pessoas responderam. Nós organizamos e categorizamos essas contribuições, pensamentos, experiências e histórias de acordo com os doze caminhos que resultaram dos textos dos leitores. Partindo de direções diferentes, eles buscam o objetivo de uma simplicidade e leveza maior. Eles apontam caminhos muito práticos de como alguns indivíduos realizam a vida simples, cada um a seu modo. Esperamos que os leitores possam descobrir nas contribuições de outras pessoas impulsos e a motivação para experimentar formas de uma vida desse tipo. É claro que todas essas narrativas sobre as tentativas pessoais de levar uma vida simples não descrevem uma norma. Ao contrário, elas mostram justamente na multiplicidade dos pontos de vista e na multiplicidade de possibilidades realizadas na vida concreta como cada um pode encontrar seu próprio caminho para uma vida simples. E, naturalmente, trata-se apenas de uma seleção, que precisou ser feita por conta do espaço limitado que este livro oferece. (Todas as contribuições podem ser encontradas na internet, veja *Was mein Leben einfacher macht* [O que torna minha vida mais simples] [herder.de]). Escrevi algumas palavras de esclarecimento ou acrescentei um comentário sucinto a algumas contribuições, para desdobrar ainda mais os pensamentos do leitor. Outros textos dispensam qualquer explicação ou comentário.

Desejo então que os leitores leiam este livro não com um peso na consciência por não estarem levando uma vida simples, como descrevem muitos dos textos aqui reunidos. Os textos não querem apelar à sua consciência, mas despertar no leitor um desejo de lidar com sua vida e seu modo de vida de forma criativa. Não se trata de negar a vida, mas de afirmar uma vida que não precisa de tanto porque ela, por si só, já é valiosa e vale a pena ser vivida.

Volte-se para dentro: cuide de sua alma

No dia a dia, costumamos dar pouca atenção à nossa alma. Fazemos o que exigem de nós. Tentamos cumprir as expectativas que vêm de fora. E temos a curiosidade de ler as informações mais recentes ou de acompanhá-las no celular a cada dia. São as influências externas que nos determinam e que ocupam nossa atenção e cujo barulho nos tornam surdos para a voz baixinha de nossa alma. Somos atacados de todos os lados por estímulos: notícias, comerciais, impulsos e exigências inundam permanentemente nossa atenção. Mas quando damos espaço excessivo às influências externas, isso resulta em insegurança, divisão e conflitos internos e falta de orientação. A pergunta é: Como podemos aprender a encontrar clareza e apoio interno em meio a tudo isso e a ouvir com concentração a voz interna de nossa alma?

Talvez uma olhada na história possa nos ajudar: São Bento encoraja o administrador, que é responsável pelos assuntos financeiros do mosteiro, a sempre estar atento à alma. Isso significa: antes de iniciar o trabalho, o administrador deve ouvir sua alma, prestar atenção nos sentimentos e nos pensamentos que emergem em sua alma quando ele se volta para dentro. A primeira condição de estar atento à própria alma consiste em suspender as atividades para voltar a atenção para dentro. "Suspender as atividades" é uma imagem linda: eu paro e suspendo os meus mil afazeres e me volto para dentro, para descobrir no interior a postura capaz de me dar apoio na vida.

Quando paramos, os sentimentos se manifestam. Muitas vezes, eles nos confundem. Mas todos os sentimentos têm um sentido. Eles querem me dizer algo.

Por exemplo, se eu perceber em minha alma uma resistência contra aquilo que hoje me espera em meu trabalho ou nos encontros com as pessoas, vale a pena analisar o motivo dessa resistência. Às vezes, é o medo de determinados trabalhos ou encontros. Nesse caso, é preciso encarar o medo e perguntar a si mesmo: O que, exatamente, me dá medo? Por quê? Muitas vezes, o medo limita nosso campo de visão. Por isso, é bom olharmos para o trabalho com outros olhos, por exemplo, com a confiança de que meu trabalho e meus encontros estão sob a bênção de Deus.

Mesmo quando percebo irritação e raiva em minha alma, preciso iniciar uma conversa com ela. Pois a irritação pode ser um impulso importante: um convite a impor mais limites em relação a determinadas pessoas ou a não permitir que as palavras perturbadoras e os pensamentos opressores dos outros invadam meu interior. Nesse caso, a irritação é a força que protege meu interior contra visitantes indesejados. O filósofo estoico Epiteto nos convida a não permitir que os pensamentos e as emoções dos outros acessem nosso santuário interior. Estar atento à alma significa dentro desse entendimento: atravessar todos os sentimentos e emoções até alcançar o santuário interior da alma, aquele espaço que é preenchido pelo amor, pela paz e pelo silêncio.

Estar atento à alma significa também ouvir a voz da alma de forma positiva. A pergunta é: Como posso distinguir a voz da alma das outras vozes? Os primeiros monges estabeleceram quatro critérios para distinguir a voz da alma de outras vozes: a voz da alma sempre gera vivacidade, liberdade, paz e amor. Muitas vezes, ouvimos outras vozes dentro de nós, que nos sobrecarregam, que nos pressionam, que nos assustam. Para os monges, estas são as vozes dos demônios. Hoje, nós diríamos: são as vozes do superego. As vozes da alma nunca dizem respeito apenas a mim mesmo, mas sempre também às relações com outras pessoas. Elas me mostram se estou girando em torno de mim mesmo ou se estou aberto para as pessoas ao meu redor. E elas me mostram em que relação estou com as outras pessoas. Então, vale ouvir não só os sentimentos, mas também purificá-los caso turvem minha relação com os outros. A filosofia estoica diria: a alma deve se tornar simples, "haplous", sem turvações, sem segundas intenções, cristalina e em harmonia consigo mesma.

* * *

Respeite sua vida

Vale respeitar a vida como um bem primário e não subjugá-la a fins egocêntricos ou sociais. Então: simplesmente respeite a vida que lhe foi dada. Esse entendimento tem a ver com a ideia de que o ser humano possui uma alma. Como a vida, ela também lhe foi dada. O ser humano não pode produzi-la. Ele só pode cuidar dela. Muitas vezes, o ser humano tem um entendimento diferente de si mesmo. Ele acredita que é capaz de moldar e otimizar a si mesmo. Quando não deixamos de falar de uma alma e substituímos esta palavra pela palavra "si-mesmo", esse conceito passa a impressão de ser algo construído. O ser humano passa a entender-se cada vez mais como produtor, como um construtor de si mesmo. Mas será que a ideia da alma não contém uma verdade mais profunda, que se aproxima mais da experiência da vida e é capaz de contribuir para uma forma de vida mais humana?

"Viver de forma simples" me confronta com a pergunta sobre o que eu quero não somente do ponto de vista egocêntrico, mas sobre o que minha vida e minha alma precisam e também sobre o que a vida e a alma das outras pessoas precisam para se desenvolver. Isso não se conforma aos desejos egocêntricos e me impede de entender a vida como mero recurso biológico que precisa ser investido para render o máximo de lucro possível.

(Daniel Hell)

Anselm Grün: Daniel Hell, psiquiatra e psicólogo, acredita que não falamos suficientemente da alma quando descrevemos o ser humano. No entanto, é a alma que abre o ser humano para Deus e para os outros. Hell ressalta que, quando falamos da alma, não falamos de autodesenvolvimento. Muitas vezes, esta leva à exaustão de si mesmo. Trata-se de não se encobrir com trabalho e expectativas de desempenho. Deveríamos entender também os impulsos silenciosos que partem da alma e perceber o que ela quer: sempre vivacidade e liberdade, amor e paz.

O que quero realmente?

Como posso viver a leveza a cada momento? Meu caminho que leva a essa meta: aprendo cada vez mais a me perguntar o seguinte: O que estou fazendo neste momento me faz bem? Eu realmente gosto de fazer isso e consigo fazê-lo com alegria? E é benéfico para todos? Quando uma voz interior, uma sensação na "barriga", reage com um "sim" claro, consigo fazê-lo com leveza. Quando recebo um "talvez" ou um "não" ou eu me sinto incomodada – então está na hora de avaliar se o momento é certo ou se isso parte do ego… Então, algumas coisas podem simplesmente ser analisadas mais uma vez. De preferência, a partir de outro ponto de vista e com um distanciamento maior.

Desde que pratico isso – nem sempre consigo fazê-lo e nem sempre dá certo imediatamente – as coisas ficam mais fáceis (comece com coisas pequenas!). Deixei de fazer muitas coisas. E, em geral, tornei-me mais consciente e percebo: O que quero de verdade e o que realmente me faz bem? Esse exercício trouxe cada vez mais leveza para o meu dia a dia.

(Nadja Satzger)

Anselm Grün: O que Nadja Satzger relata de sua experiência corresponde ao que São Bento exige do administrador do mosteiro: estar atento aos sentimentos durante o trabalho não significa fazer apenas o que estou a fim de fazer. Mas quando não sinto alegria, quando percebo uma resistência interna, o desafio é reagir a isso. Ou eu abandono o trabalho porque ele não é necessário, ou porque ela contradiz a tudo que sinto por dentro, ou porque, no fim das contas, ela não serve a ninguém. Ou eu tento encontrar uma outra postura. Então, tento ver o trabalho de forma jocosa, como um experimento, mas não como um "esforço herculano", como Immanuel Kant a exige de nós. Ou eu tento me entregar ao trabalho, de me soltar dentro dela. O trabalho se opõe ao ego, porque não consigo brilhar nele. Mas quando simplesmente me entrego ao trabalho, sem a pressão de ter que me provar ou mostrar, o trabalho se torna simples e leve.

Começar por si mesmo

Por que levar uma "vida simples" parece ser tão difícil? Poderia ser tão fácil: no complexo mecanismo da multiplicidade nem tudo é alcançável, nem tudo pode ser possuído, nem tudo é significativo – por que, então, prender-se o tempo todo à incontável multiplicidade de formas tão múltiplas a ponto de desistir de qualquer unidade em si mesmo? Não seria mais fácil e também mais sábio simplesmente permanecer consigo mesmo e simplesmente viver sua vida – em grande tranquilidade e serenidade, para os outros e para si mesmo, sem correr atrás de todos os devaneios e ilusões, que dificultam tanto a nossa vida?

Levar uma vida simples não é difícil. Isso começa no simples consigo mesmo e termina no simples consigo mesmo. Levar uma vida simples só é difícil para aquele que não começa por si mesmo e, consequentemente, não termina consigo mesmo. A morte coloca um fim a isso e assim lhe ensina o que, em algum momento, estará inscrito em sua lápide: "Tudo poderia ter sido tão fácil".

(Bernhard Uhde)

Admitir sentimentos com honestidade

Trata-se de amor-próprio, autoestima, autoconsciência, autoconfiança, responsabilidade pessoal, procura de si mesmo, lealdade para consigo mesmo etc. Uma pessoa que não transmite uma impressão honesta, sincera e autêntica, provoca irritações no interlocutor, o que resulta em problemas interpessoais. Trabalhar nisso de modo refletido, também com a ajuda de pessoas competentes, é o melhor investimento no desenvolvimento da personalidade, pois muitas pessoas obstruem seu próprio caminho!

Sentimentos negativos levam a pensamentos negativos, pensamentos negativos levam a sentimentos negativos, e tudo isso leva a reações negativas. Pessoas desse tipo treinam sua percepção inconscientemente para uma existência infeliz! A verdade começa com uma honestidade firme e permanente em relação a si mesmo. Isso é o início de uma mudança positiva que torna a vida mais fácil!

(Siegfried J. Stoll)

Anselm Grün: No templo de Delfos encontramos a palavra que, desde sempre, marcou a filosofia: "Gnothi seauton" – "Reconhece a ti mesmo". O início de toda filosofia verdadeira, mas também de toda espiritualidade autêntica, é o autoconhecimento honesto. Mas Píndaro, o poeta grego, acrescentou a essa primeira máxima uma segunda: "Torna-te quem tu és!" Trata-se, portanto, de conhecer a si mesmo e de tornar-se si mesmo. A consequência positiva é: quando entramos em harmonia conosco mesmos, entramos em harmonia também com as outras pessoas e com a natureza.

Ouvir a voz interior

Quando observamos a nós mesmos com atenção e amor, reconhecemos rapidamente que existem no mínimo duas vozes dentro de nós. Muitas vezes, a primeira fala em voz alta, julga apressadamente, permite que a razão ou o rádio em nossa cabeça a influencie e se orienta pelo mundo exterior. A outra voz é baixinha e se manifesta por meio de um tipo de sensação na barriga, por meio da intuição. Chamo a primeira voz de ego; a segunda de nosso interior verdadeiro, nosso eu. Quando aprendemos a nos calar no dia a dia e fazer pausas frequentes para prestar atenção nessa orientação interna, essa fonte interna nos conduz de uma forma que a nossa razão nem consegue imaginar. Quando começamos a viver dessa forma, existe resistência apenas em nós, e esta é, acredito eu, o maior desafio. Mas então, de repente, a vida se transforma em uma vida verdadeira, realizada e feliz.

(Frohmut Schäfer-Auerswald)

Perguntas úteis

Descobri que algumas perguntas muito simples podem me ajudar muito: Eu me dediquei a algo importante que teve a ver com Deus? Ou meu objetivo era ser elogiado por outros?

Como sei se minhas atividades são a coisa certa para mim? Elas me ajudam a encontrar mais serenidade? Ou elas esgotam minha energia? Minha vida me parece sobrecarregada? Faço mais do que deveria fazer – mais do que a intenção de Deus me chamou a fazer agora?

O importante é que essas perguntas não pretendem me tornar o mais eficiente possível e fazer com que eu aproveite meu tempo da forma mais econômica. O objetivo é dedicar meu dia ao que atribuo o maior valor.

Uma vida simples significa: livrar-se de emaranhamentos inúteis e desistir de objetivos supérfluos. Significa escolher aquilo que realmente importa para mim. Henry David Thoreau o expressa em seu livro *Walden* da seguinte forma: "A vida de todos nós se fragmenta em mil detalhes. Tornem--se, simplesmente tornem-se!"

(John Rodden)

Anselm Grün: É bom sempre fazermos perguntas a nós mesmos, perguntas semelhantes às que John Rodden formulou. Para mim, a pergunta essencial é: Estou fazendo isso para exibir meu ego, ou minha atividade é benéfica para as pessoas? Estou fazendo isso para provar meu valor, ou estou me entregando ao trabalho para que ele seja feito e alivie as outras pessoas ou sirva a elas? E o que estou fazendo é realmente necessário e útil para os outros? E outra pergunta tem se tornado importante ao longo dos últimos anos: Aquilo que faço transmite esperança às pessoas? E eu como pessoa emano esperança ou pessimismo e medo?

A voz interior

Levei a metade da vida – ou talvez um pouco mais – para reconhecer o que posso dispensar na vida. Renunciar a algumas coisas e desistir delas certamente torna a vida mais fácil. Mas como reconhecemos o que devemos dispensar na vida? O que realmente importa para mim, o que vem do coração? O trabalho em mim mesmo e nos relacionamentos me ajudou a sondar estas perguntas: Quais sentimentos querem se expressar quando entro em sintonia com isso ou aquilo? Existe algo que sempre quis fazer? E por que sempre me perco em tantas coisas? Com quem eu deveria conversar para encontrar uma solução? Eu deveria desistir de algo? Por um tempo – ou para sempre? Realmente preciso sempre estar on-line? Criei ordem dentro de mim e em meu apartamento? Trabalho constantemente apenas para agradar aos outros, ou tenho alguns poucos amigos com os quais posso conversar e cultivar uma troca regularmente?

Quanto mais tentei encontrar respostas a essas perguntas (sempre de novo ao longo dos anos), mais me deparei com coisas que têm alguma relação com minha primeira infância e juventude.

Na época, eu queria algo, mas não pude tê-lo, porque algo se opunha a isso e eu segui caminhos diferentes: caminhos que eram certos na época ou que foram necessários. Mas hoje tenho tempo para isso. Nesse meio-tempo, também me despedi de pessoas ou coisas que já não me faziam bem: sem rancor, sem raiva, às vezes, com lágrimas nos olhos. Mas valeu a pena. Precisamos acompanhar as mudanças, principalmente as mudanças que vêm do nosso íntimo mais profundo. No entanto, para que isso seja possível, preciso sempre ouvir minha voz interior. Tantas soluções estão dentro de nós. Precisamos ouvir a voz interior. Posso fazer isso a qualquer hora, em qualquer momento: quando estou parado no sinal vermelho ou durante uma caminhada nas montanhas, quando relaxo em casa ou estou passeando, já cedo de manhã quando acordo etc. A semente de muitas soluções já está plantada dentro de nós. Só precisamos observar e seguir os sinais.

(Thomas Sehringer)

Ouça seu anjo

Eu digo aos meus netos: cada um de nós tem um anjo. Ele acompanha e protege você! Infelizmente, você não consegue vê-lo nem ouvi-lo – no entanto, ele é o presente mais valioso em sua vida!

Você pergunta: Por quê? Como posso perceber isso?

Talvez, quando você não está bem, quando está triste, quando precisa de um bom conselho – em momentos assim, em silêncio, você pode pedir ajuda a seu anjo. Não tenha pressa – e você receberá uma resposta: lá dentro, no CORAÇÃO! E lá você o "ouvirá"... Diga "obrigado", todos os dias! Olhe e reflita – e diga "obrigado". E então alguém começa a brilhar e se alegra – e você também se alegra! – Ou talvez você tenha machucado alguém e você lhe diz: "Por favor, me perdoe, sinto muito!" – e o outro se sente aliviado.

Agradecer e pedir perdão: estes são presentes maravilhosos. Você vê como o outro se alegra – e isso faz bem a você mesmo. Assim você consegue passar um pouco de alegria para os outros.

Seu avô faz perguntas a seu anjo todos os dias porque, então, ele recebe um conselho no coração, o que pode ser um caminho bom quando não sabemos como seguir em frente.

Os anjos se alegram quando você faz perguntas a eles: eles são os mensageiros de Deus. Aos poucos, seu anjo se tornará seu melhor amigo, a quem você sempre pode recorrer. Às vezes, seu conselho pode ser desagradável... Mas então você percebe: é o caminho melhor! Não deixe de tentar... e então você agradecerá a ela com um coração alegre por seu conselho e sua amizade!

(Karl-Herbert Mandel)

Anselm Grün: Orígenes acredita que, quando um ser humano nasce, Deus lhe dá um anjo que o acompanha em todos os seus caminhos e descaminhos e que, no fim, o conduz até a porta da morte e o leva a Deus. O anjo que Deus me dá como companheiro pode adotar nomes diferentes. Às vezes, é um anjo da serenidade, às vezes, é um anjo da gratidão ou um anjo da esperança. Quando imagino que sou acompanhado pelo anjo da serenidade, eu não preciso fazer um esforço tão grande para ser sereno. Se eu tentar me forçar a ser sereno, sei que não conseguirei. Posso confiar que o anjo da serenidade me coloca em contato com a postura da serenidade, que sempre já existe dentro de mim, mas que, muitas vezes, se encontra soterrada sob a pressão que sempre imponho a mim mesmo, porque acredito ser tão importante e acho que preciso resolver tantas coisas.

Ritual

Entrar no espaço interior

Coloque as duas mãos sobre o centro do peito e observe que sentimentos surgem em você. Permita que o amor de Deus passe pelas suas mãos e flua para dentro de todos esses sentimentos. Talvez você vivencie então como seus sentimentos se transformam, como o rancor perde sua amargura e a inveja enfraquece. E então atravesse todos esses sentimentos até chegar no fundo da alma. Descubra ali o espaço sagrado dentro de si, ao qual os sentimentos não têm acesso. E nesse espaço interior do silêncio, perceba o anseio que surge em você. E imagine: o próprio anseio já contém algo daquilo pelo qual você anseia. Desfrute da imagem daquilo pelo qual você anseia e imagine como, neste espaço interior do silêncio, você se acalma e como, neste espaço, você está em casa consigo mesmo e com Deus.

Anular a divisão

Não posso negar os opostos dentro de mim e não posso excluir as contradições que existem em mim. Assim, eu próprio me limitaria. Mas quando simplesmente me reconcilio com as contradições, acontece também algo positivo: sinto-me um comigo mesmo e com tudo que existe dentro de mim. É bom conscientizar-se disso também fisicamente por meio de um ritual. Uma possibilidade é a postura da cruz. Ela pode ser uma ajuda para aceitar essa tensão interior. Eu me coloco de pé e estendo os braços para a direita e a esquerda. Sinto os opostos dentro de mim. Eles podem me dilacerar. Mas quando me entrego totalmente a essa postura, ela me torna amplo. Eu poderia abraçar o mundo inteiro. Nenhum aspecto da existência humana é estranho para mim. Tudo está dentro de mim. Essa experiência me dá amplitude, liberdade e amor por tudo que existe.

Faça jus ao corpo

Nossa alma fala conosco por meio do corpo. Quando não damos ouvido aos impulsos internos da alma, ela usa o corpo para falar conosco com uma voz mais alta e mais forte. O corpo também reage a pessoas que não nos fazem bem. Então sentimos no corpo um desconforto. Devemos levar isso a sério. E devemos ser gratos quando nosso corpo reage. Sentimos no estômago quando há algo de errado no relacionamento com uma outra pessoa. E quando nos sentimos sobrecarregados e passamos do nosso limite, muitas vezes nosso corpo reage com dores de cabeça ou exaustão. Muitos ignoram os sinais do corpo. Com estimulantes, eles o obrigam a voltar a funcionar. Mas, quando fazem isso, eles não ouvem o corpo. Outros não negam os direitos ao corpo quando se entregam a uma ascese rigorosa, que, às vezes, pode até chegar à negação da vida. Os primeiros monges também praticavam uma ascese rigorosa, mas sempre respeitavam os limites que o corpo lhes impunha. Em sua ascese, eles sempre precisavam exercer a moderação e imaginar que esse seu corpo deseja alcançar os cem anos de idade.

Independentemente dos sinais que o corpo nos dá em casos de sobrecarga ou ameaças, devemos respeitar os direitos do corpo também em outras situações. O professor de meditação Karlfried Graf Dürckheim fazia uma distinção entre o físico e o corpo. Ele sempre dizia: tenho um físico, mas sou meu corpo. O corpo expressa meu íntimo, minha alma. Respeitar os direitos do corpo cumpre, portanto, aquilo que Teresa de Ávila dizia sobre o corpo: devemos tratar o corpo de tal forma que a alma goste de morar nele.

Hoje em dia, muitos tentam otimizar seu físico na academia. Muitas vezes, porém, eles o veem mais como um objeto, que eles precisam manter em forma. Ou o tratam como uma máquina que precisa ser conservada para que funcione bem. Mas não é isso que quero dizer quando digo que devemos fazer jus ao corpo.

Isso já pode começar de manhã: o banho matinal pode ser aproveitado como um ritual de purificação. Você pode imaginar que a água não retira do corpo apenas a sujeira e o cansaço, mas que ela também purifica a alma. Tudo que mancha seu eu verdadeiro – por exemplo, as imagens que lhe são impostas pelos outros – a água leva tudo isso consigo ao mesmo tempo em que lava seu corpo.

Preciso aceitar-me por completo e sentir meu corpo, perceber que estou em contato com meu corpo. Isso inclui naturalmente que eu trate bem meu corpo ao longo do dia, que eu me movimente e também lhe conceda o descanso necessário. Posso correr para manter minha forma. Mas também posso correr de modo que eu me livre de minhas preocupações e dos pensamentos opressores enquanto corro. Posso fazer uma caminhada para que o corpo se movimente, porque dizem que isso faz bem à saúde. Mas posso fazer uma caminhada também prestando atenção e percebendo com todos os sentidos a natureza em minha volta, contemplando a beleza da paisagem, ouvindo o murmúrio do vento e o canto dos pássaros, inalando o cheiro da paisagem e percebendo o vento e o sol em minha pele.

Graf Dürckheim chamava o corpo de ponteiro que aponta meu estado. Ao mesmo tempo, ele é um instrumento da transformação. Quando estou inquieto, percebo isso em minha respiração. Mas também posso acalmar minha inquietação por meio de uma respiração consciente. Quando assumo uma postura ereta e consciente, isso transforma meu humor, eu me sinto como um ser revestido de dignidade. Quando ando curvado, minha respiração se torna mais superficial e meus sentimentos tendem a deprimir. O corpo me transforma. Por isso, deve conceder ao corpo o direito de apontar para a minha verdade interior e de me convidar a permitir que ele me instrua a levar uma vida que faça jus ao corpo. Fazer jus ao corpo sempre significa também fazer jus à alma.

Isso confirma também o que já dizia Paracelso, o médico e pesquisador da Renascença alemã: ele nos encoraja a sermos nosso próprio médico. Tornamo-nos nosso próprio médico quando prestamos atenção no corpo e quando o tratamos como ele exige. Assim como o médico ouve os sinais do pulmão, para ouvir se ele está saudável ou doente, nós mesmos deveríamos ouvir os sinais do corpo e segui-los. O corpo nos diz quando ele precisa de uma pausa para se recuperar. E o corpo nos informa se precisamos nos movimentar ou descansar. É claro que sempre existem exageros quando ouvimos o corpo. Existem os hipocondríacos que, diante de qualquer pressão que sentem em alguma parte do corpo, logo correm para o médico, porque acreditam que uma doença grave está se anunciando. Aqui vale o mesmo que vale também quando ouvimos a alma – é preciso respeitar a medida certa, que, segundo São Bento, é a mãe de todas as virtudes.

* * *

Sentir a respiração

Quando queremos entender a simplicidade, um bom método é prestar atenção em nossa respiração: a inspiração vem em sua clareza e se despede na expiração. E, em algum momento, segue uma nova inspiração. A respiração é a ligação direta com nosso núcleo divino mais íntimo, com nosso centro, e nos mostra a simplicidade e a clareza da vida. Por isso, deveríamos olhar para nossa respiração várias vezes ao longo do dia e percebê-lo.

(Katharina von Burg)

Anselm Grün: Cada um de nós respira o tempo todo. Sem respiração, morreríamos. A respiração mantém meu corpo e minha alma unidos. Muitas vezes, porém, respiramos inconscientemente. Mas a respiração está cheia de simbolismo. Permitimos que ele venha e vá: quando expiramos, soltamos todos os nossos pensamentos e preocupações, soltamos a nós mesmos. E quando inspiramos, inspiramos não só ar fresco, mas também o sopro do Espírito Santo. Ou, como dizia Rumi, o poeta persa: a respiração é o perfume amoroso de Deus. Quando respiramos, inspiramos o amor de Deus, de modo que esse amor nos permeia por completo. Quando respiro calmamente de forma consciente, minha alma também se acalma. Quando respiro, eu me sinto, volto para mim mesmo, percebo meu íntimo. E isso faz bem à minha alma. Graf Dürckheim sempre destacava o momento entre expiração e inspiração. Existe um momento em que não inspiramos nem expiramos. Nesse momento – afirma Dürckheim – devemos soltar nosso ego. Alguns transformam sua respiração em uma técnica. Querem dominar a respiração. Mas quando fazemos isso, damos espaço ao ego. Quando, no instante em que nada acontece, soltamos o ego e nos deixamos cair no fundo primordial divino, fazemos uma experiência espiritual importante nesse momento.

A soneca da tarde ajuda

Eu tiro uma soneca diariamente. Quando ainda mantinha meu consultório como psicoterapeuta, eu percebia como isso fazia bem também aos outros. É uma medicina útil sem qualquer efeito colateral, é "puramente biológica" e, além disso, gratuita: a soneca da tarde. Bastam 20 a 30 minutos. Isso fortalece não só o sistema imunológico, mas também facilita o dia a dia. É como se o dia recomeçasse mais uma vez: sem esforços torturantes você resolve o que precisa ser feito à tarde. Você se sente mais relaxado, mais solto. As angústias perdem sua intensidade. A atmosfera fica mais leve. Os medos diminuem. É mais provável que você tenha uma ideia de como resolver os problemas em seu trabalho. Você é menos irritável, e assim seu jeito mais calmo pode se transmitir para as pessoas com que você interage. Você volta revigorado para a sua família. Todos esses efeitos positivos se intensificam ainda mais quando você se percebe frequentemente e diz a si mesmo: Isso está em minhas mãos! A cada dia.

(Karl-Herbert Mandel)

Anselm Grün: Eu só posso confirmar o que o psicoterapeuta Karl-Herbert Mandel escreve sobre os efeitos benéficos de um cochilo ao meio do dia. Nós, os monges, nos levantamos às quatro e meia da manhã, por isso a soneca da tarde, depois do almoço, me faz bem. Nem sempre caio no sono durante esse tempo breve, às vezes fico apenas num estado entre sono e vigília. Mas aproveito esses 30 minutos sabendo que não tenho de fazer nada, planejar nada nem escrever nada. Estou apenas ali deitado e deixo de lado tudo o que me incomoda ou preocupa no momento. Sinto o peso do cansaço. Quando o despertador toca, eu me levanto, tomo uma xícara de café e posso voltar ao trabalho com um vigor renovado. A soneca do meio-dia é realmente uma boa oportunidade para deixar para trás os problemas e conflitos que surgiram de manhã e começar a segunda metade do dia com uma sensação de revigoração e como se estivesse iniciando o dia mais uma vez.

Fazer uma caminhada

Talvez você também conheça esta sensação: você se sente melhor assim que dá os primeiros passos ao ar livre. Aos poucos, você solta um suspiro de alívio, o peso desaparece, sua cabeça clareia e seu coração se abre. Todas as células de seu corpo começam a vibrar no ritmo de seus pés e de suas pernas; sua alma começa a cantar.

Para mim, caminhar ao ar livre, na floresta, pelos campos ou num belo parque é mais do que apenas movimentar o corpo e reabastecer oxigênio, é mais do que um exercício físico e o fortalecimento do sistema imunológico, é, também, mais do que um "banho de floresta" e bem-estar.

Parece-me que Deus gosta quando eu "solto minhas pernas" e aprecio a beleza da natureza, quando ouço o canto dos pássaros ou o sopro do vento, quando sinto o gosto das gotas de chuva em meus lábios e meus olhos se abrem ao ver todas as maravilhas ao meu redor: sinto então que faço parte de sua grande obra da criação, estou conectada com tudo que existe. Ativada internamente dessa forma, volto fortalecida para meu dia a dia.

(Christiane Orth)

Abrir a porta. Partir

Meus pensamentos estão paralisados. Nada acontece, nada se mexe. As convicções estão enrijecidas, as imagens e as ideias, os julgamentos e os preconceitos (embora ache que não tenho nenhum...). E, a propósito, meus bens também me mantêm preso. O que posso fazer? Levante-se! Abra a porta. Saia. Caminhe. Ande livremente, sem preocupações, com o mínimo de bagagem possível. Simplesmente caminhe. Simplesmente viva. E tudo se solta.

(Lorenz Marti)

Anselm Grün: O que o autor suíço Lorenz Marti escreve sobre o caminhar corresponde à minha experiência.

Eu simplesmente me entrego à caminhada. Assim, eu me liberto de todos os pensamentos que me atormentam. Sören Kierkegaard disse certa vez que não conhecia nenhuma tristeza da qual não conseguisse se libertar caminhando. Não existe um método para esse "libertar-se caminhando", não é difícil. Basta simplesmente entregar-se à caminhada. A cada passo que dou, piso na terra e levanto meu pé do chão novamente. Não me prendo a nada, simplesmente continuo andando. Ao fazer isso, posso imaginar que meus problemas se afastam lentamente de mim enquanto caminho, eles simplesmente ficam para trás. Eles não têm a oportunidade de se assentar em mim. O mais importante ao caminhar é percorrer a natureza com todos os meus sentidos aguçados e estar totalmente imerso na atividade de olhar, ouvir, cheirar, saborear e tocar. Assim, eu não apenas experimento a natureza como um milagre, não apenas sinto a presença de Deus em tudo que existe, também percebo a mim mesmo intensamente. E sinto que isso me faz bem. Não saio para caminhar para tomar um pouco de ar fresco, para absolver meu programa de exercícios do dia, mas ando porque ando. E caminho para me abrir completamente ao que encontro.

Três vezes ao dia

Para mim, tornou-se importante e uma fonte de energia sentar-me ou deitar-me três vezes ao dia. As palmas das minhas mãos apontam para cima, para o teto. Peço força vital, e não importa se você a chame de prana, chi ou corrente de cura. Como resultado, absorvo enormes quantidades de energia em meu corpo todos os dias e até doenças desapareceram em decorrência disso. Isso me lembra do antigo comercial do coelhinho cor de rosa da Duracell: o comercial da bateria dos anos de 1970, cujo *slogan* era: "Dura muito mais…". Estou mais em forma do que jamais estive em toda a minha vida.

(Katja Lotz, de Berzbach)

Simplesmente deitar-se

Minha experiência (e não me considero uma jovem aos 88 anos de idade) é que eu não preciso dormir. Eu me deito, leio um pouco e, depois de meia hora ou 45 minutos, estou descansada.

(Ursula Ziegler)

Anselm Grün: Posso confirmar a experiência que Ursula Ziegler fez aos 88 anos de idade. Vejo muitas pessoas que reclamam por não conseguirem dormir bem. Elas estão tão concentradas em dormir "o suficiente" que sempre se sentem exaustas pela manhã. Mas se eu deixar de lado essa pressão que exige que eu durma, posso me sentir revigorado também quando apenas me deito para relaxar. Assim, não é tão importante se eu realmente durmo ou não. Apenas me deixo cair nas mãos de Deus e desfruto da sensação de descansar em suas mãos. Em geral, caio no sono automaticamente.

Quando não consigo, não entro em pânico porque temo não ter energia suficiente para o dia de amanhã. Acredito que existe um propósito em eu não dormir agora. Posso refletir sobre coisas importantes. Se eu usar esse período de insônia para ponderar – e não para remoer – coisas da minha vida, então a noite também pode ser um momento valioso. E o corpo terá o sono de que precisa.

Ritual

Respirar

Sente-se numa posição confortável e feche os olhos. Preste atenção apenas em sua respiração, como ela vem e vai. Imagine que, ao inspirar, o amor de Deus flui para dentro de você. Ao expirar, imagine como esse amor de Deus flui para cada célula de seu corpo. Olhe para dentro de seu corpo e veja onde ainda existem espaços que você fechou para si mesmo, para as pessoas e para Deus, porque não quer mostrar a ninguém o caos que existe ali. E permita que o amor de Deus flua para esses espaços fechados. Em seguida, imagine que, sempre que expira, você se desprenda de tudo o que está desgastado dentro de você, que o impede de viver, que você carrega consigo como peso morto: seu perfeccionismo, seus padrões de vida neuróticos, a pressão de ter que provar constantemente o seu valor. Em seguida, perceba seu corpo e imagine que você e seu corpo são um, que você é seu corpo.

Caminhar

Reserve algum tempo para fazer uma caminhada todos os dias. E tente fazer o seguinte ritual: caminhe lentamente e, por dentro, imagine uma música ou melodia que você cantarola para si mesmo ou simplesmente a ouça tocar suavemente dentro de você. Que música ou melodia o comove mais profundamente neste momento? Qual é a música que expressa seu desejo mais profundo? Você experimentará sua caminhada como uma jornada interior, como uma jornada em direção a uma meta que é maior do que a que você tem diante de si.

Você também pode – se isso for mais fácil para você – caminhar com as palavras de Novalis: "Para onde estamos indo – sempre para casa!" E imagine que, a cada passo que dá, você se aproxima de seu verdadeiro lar. Talvez então você perceba que cada passo o coloca em contato com a terra e, ao mesmo tempo, o leva para além desta terra, em direção ao lar onde você pode estar em casa para sempre. A beleza da natureza ao seu redor se torna então a imagem de um lar eterno, cheio de beleza e vitalidade, onde você será amado para sempre.

Diminua o estresse, evite o que sobrecarrega

Muitas vezes ficamos estressados quando precisamos entregar um trabalho dentro de determinado prazo e quando o prazo é muito apertado. Então, cabe a nós não permitir que a pressão do tempo nos leve ao estresse, mas tentar concluir o trabalho até o prazo, mas sem a obrigação de fazê-lo. Normalmente, o estresse é causado por um excesso de trabalho, para o qual não nos sentimos preparados, e pela falta de tempo. Se tivermos que fazer muita coisa em pouco tempo, nos sentiremos sobrecarregados e ficaremos estressados.

Entretanto, muitas vezes, o estresse não é causado por fatores externos, mas por nós mesmos. O estresse geralmente tem a ver com nossas atitudes internas. Se eu quiser fazer algo com perfeição, isso causa estresse. Ou se me coloco sob pressão e quero impressionar os outros com meu trabalho, fico estressado. Outras pessoas ficam estressadas por causa dos padrões de vida interior que lhes foram ensinados na infância: Você precisa se esforçar mais! Sempre busque dar o melhor de si! Você consegue fazer ainda mais! Mais e mais, sempre mais e mais rápido!

A primeira maneira de evitar o estresse seria dizer adeus ao perfeccionismo. Simplesmente faço o trabalho da melhor maneira possível, não da maneira que esperam de mim, não da maneira que corresponde ao meu superego. E evito o estresse quando digo a mim mesmo: uma coisa de cada vez. Faço um trabalho de cada vez. Não penso no trabalho seguinte, apenas no trabalho à mão. Se eu simplesmente continuar com o trabalho, ele não me estressa, eu o aproveito. No entanto, se eu sentir resistência interior ao trabalho ou até mesmo percebê-lo como uma imposição, ele sempre me estressará. E eu evito o estresse se impor ao meu trabalho dando uma boa estrutura e um bom ritmo, planejando meu tempo e não permitindo que o prazo para concluí-lo seja muito apertado.

Se, ainda assim, eu estiver estressado, preciso reduzi-lo. Algumas pessoas aliviam o estresse saindo para correr para se livrar das tensões do trabalho. Outras relaxam simplesmente deitando-se na cama por um tempo e dizendo a si mesmas: "Não preciso fazer nenhum trabalho agora, não preciso realizar nenhum desejo. Simplesmente aproveito minha preguiça. Outras pessoas estudam métodos de relaxamento, como o treinamento autogênico ou outros métodos de relaxamento muscular. Outras relaxam com música ou com uma boa refeição. No entanto, só conseguirei relaxar se não pensar no trabalho quando estiver usando todos esses métodos e, em vez disso, me concentrar totalmente em correr, ouvir música e relaxar os músculos. Se você lutar contra o estresse, produzirá mais estresse. Trata-se de largar e permitir que você esteja no presente, sentado sem ter que fazer ou resolver nada.

* * *

Passo a passo

Estabelecer prioridades e dar um passo de cada vez. Fazer apenas o máximo que puder.

Amanhã é outro dia.

(Heike Knauff-Oliver)

Anselm Grün: Conheço muitas pessoas que sempre se sentem sobrecarregadas e estressadas quando se deparam com a montanha de trabalho insuperável – e que se esquivam desse desafio. Muitas pessoas que tendem a protelar o trabalho desagradável têm a impressão de que nunca conseguirão lidar com o enorme fardo que têm pela frente. Elas ficam paralisadas olhando para a montanha que lhes parece tão imensa.

A jornalista Knauff-Oliver recomenda a seguinte regra: faça isso passo a passo, um passo de cada vez. Não preciso escalar toda a montanha imediatamente. Toda jornada e toda escalada de uma montanha começam com o primeiro passo. No início, dou apenas um passo de cada vez, sem olhar para o cume. Mas, em algum momento, alcançarei o topo.

A segunda regra é igualmente importante: priorizar. O que quero fazer primeiro? O que é realmente importante? Ajuda também reconhecer meus limites. De quanto consigo dar conta? E o que eu quero resolver? O que posso deixar de fazer sem peso na consciência?

A terceira regra: amanhã é outro dia. Sempre segui essa regra ao longo dos 36 anos em que fui responsável pelos assuntos econômicos de nosso mosteiro. Embora muitas vezes o trabalho se acumulasse em minha escrivaninha, nunca fiz horas extras na administração. Em vez disso, sempre pensava na semana inteira e procurava o momento em que tivesse um pouco de tempo sobrando para responder a todas as cartas e e-mails que se acumulavam, ou em que tivesse a oportunidade de resolver os problemas nas oficinas. Assim, consegui lidar bem com todo o trabalho sem me estressar ou me sentir sobrecarregado.

Só se preocupe quando a hora chegar

O lema de vida de meu pai era: "Só se preocupe quando chegar a hora". A história por trás disso: a vida de nossa família com quatro filhos sempre era muito agitada. Minha mãe é uma pessoa bastante cautelosa, que prefere ficar no lado seguro da vida. Meu pai era mais relaxado. Quando minha mãe "dramatizava" (por exemplo: Será que as filhas voltarão seguras da balada? – ou: Elas realmente precisam ir de carro? Elas acabaram de tirar carteira de motorista!), meu pai insistia em seu lema: Só se preocupe quando chegar a hora! Esse lema me rendeu muitas noites de sono profundo em tempos difíceis e também me poupou de muita agitação desnecessária antes de consultas médicas e outros desafios semelhantes.

(Iris Fulda)

Anselm Grün: Existem muitas pessoas que ficam pensando no que poderá acontecer antes de uma conversa com seu chefe, por exemplo. Ou imaginam que poderia acontecer durante a próxima viagem. Antes de sair de férias, elas quebram a cabeça para garantir que tudo realmente dê certo. O lema do pai certamente é uma grande ajuda nesse caso: só se preocupe quando chegar a hora, quando o tempo realmente estiver ruim, quando o engarrafamento realmente ocorrer. Mas, mesmo assim, você pode minimizar sua preocupação. O mau tempo e o engarrafamento não precisam estragar as férias inteiras se encararmos tudo com mais calma e dissermos a nós mesmos: "Aceitamos as coisas do jeito que são. Tiraremos o melhor proveito de tudo o que nos acontecer – não importa o que seja.

"Este circo não é meu..."

É uma frase simples que sempre me ajuda a não me preocupar demais com as coisas que não posso influenciar ou mudar: "Este circo não é meu, estes palhaços não são meus". Tento me concentrar nas coisas, nos problemas ou nas pessoas em relação às quais posso assumir uma posição e uma ação útil. Isso já me salvou muitas vezes de me envolver e de interferir onde eu não era desejada. Não podemos salvar a tudo e a todos. Mas temos tarefas que exigem nossa força e dedicação.

(Angelika Weidmann)

Para que não se torne exaustivo

Minha vida se torna mais fácil quando meus amigos me elevam sobre vales profundos. Minha vida se torna mais fácil quando olho com tristeza e perplexidade para a injustiça, a violência e a opressão e não estarreço, mas subo em uma cadeira, brinco de estrela e simplesmente brilho. Minha vida se torna mais fácil quando ouso ter a coragem de seguir meu próprio caminho contra todas as expectativas, sem saber para onde ele me levará. Ela se torna mais fácil com cada boa lembrança que tenho. Se eu olhar atentamente nos olhos do meu próximo para ver se, neste momento, prevalece a dificuldade ou a confiança, tenho o poder de salvar o mundo. Viver com simplicidade significa viver e não estar morto. Quando compartilhamos o "viver com simplicidade" com outras pessoas, devemos lembrar: viver com simplicidade significa, por exemplo, observar com atenção meu gato quando ele se deita de costas. Significa dizer obrigado quando meu problema diminui depois de alguns dias. Significa ter amigos que não julgam, mas apoiam. Ser capaz de dizer: em geral, tive uma vida boa, mesmo que os caminhos tenham sido diferentes do esperado...

(Ines Ade)

Anselm Grün: Se nos forçarmos a viver com simplicidade, a vida simples se tornará um fardo. E, então, sempre teremos um peso na consciência por não estarmos vivendo uma vida suficientemente simples. Ines Ade dá dicas importantes para o sucesso. Em primeiro lugar, preciso ser capaz de usar minha paixão para tornar meus deveres menos importantes ou menos pesados. Se estou apaixonadamente comprometido com as pessoas ou com uma meta, isso não é um dever que tenho que cumprir, o que me deixaria insatisfeito por não cumpri-lo suficientemente bem. A paixão não é exaustiva. Ela simplesmente transbora de mim. Viver simplesmente vem de dentro, do coração. Se eu confiar em meu coração, então simplesmente viverei sem precisar me forçar a isso.

E isso requer abertura, e bons amigos também facilitarão minha vida. Viver com simplicidade não significa fechar os olhos para os problemas do nosso tempo, nem estarrecer diante deles, mas sim adotar uma perspectiva mais elevada a partir da qual os problemas podem ser relativizados. A vida também se torna mais fácil se eu não olhar constantemente para os outros para ver se eles concordam com meu caminho. Isso requer sobretudo uma liberdade interior que não dependa das expectativas e opiniões dos outros, mas que confie em seus próprios sentimentos e siga o caminho que corresponde à sua própria intuição. Ines Ade diz que a vida se torna mais fácil quando temos amigos que não julgam, mas apoiam. Mas isso não se aplica apenas aos amigos. Também se aplica a nós mesmos. Nossa vida se torna mais fácil quando não nos julgamos, mas entendemos por que reagimos e agimos da maneira que agimos. Assim, passamos a nos tratar com mais amor em vez de nos julgar e criticar. E parte da vida simples é que tentamos entender os outros em vez de julgá-los. Assim, não nos irritamos com as pessoas que não agem e falam como nós. Isso também torna nossa vida mais rica – e mais fácil.

Eu não "preciso", eu "quero"

As situações difíceis não são problemas que nos sobrecarregam e se tornam um fardo insuportável, são desafios. Elas nos desafiam a aprender com elas. Podemos aproveitá-las e usá-las para nos desenvolvermos ainda mais. É igual a uma criança que, a cada dia, aprende um pouco mais na escola.

Outra percepção é a de simplesmente parar por um momento, estar no aqui e agora, pensar de forma objetiva e sóbria sobre qual é a melhor coisa a fazer. É importante concentrar-me no que quero sem prejudicar os outros. As soluções se materializam muito rapidamente. Um terceiro ponto é dispensar as palavras "dever" ou "precisar". Elas são onipresentes em nossa meritocracia. Elas criam pressão e tensão. Isso não facilita nem simplifica a vida, ao contrário, o estresse se torna rotina. Se você substituir as duas palavras por "querer", você terá mais força e energia. E as coisas ficam mais fáceis.

(Susanne Ehrenspeck)

Anselm Grün: Muitas vezes nós nos colocamos inconscientemente sob pressão por meio das palavras que usamos. Muitas vezes nem percebemos que usamos o tempo todo palavras como "preciso" e "devo". Mas a linguagem tem um efeito sobre nós. Ela nos rouba a energia quando continuamos dizendo que "devemos" e "precisamos". A expressão "eu quero" gera energia em nós. Algumas pessoas dizem timidamente: "Eu gostaria…". Mas, nesse caso, elas ainda não confiam em seu próprio poder. Se nos acostumarmos a falar de forma diferente, sentiremos que a linguagem nos modifica. A linguagem pode nos oprimir e paralisar. Mas ela também tem um poder de cura.

Assumir responsabilidade

Sou vítima ou autor em minha vida? O que posso influenciar e o que não posso mudar? O que posso controlar? Como autor, assumo a responsabilidade por minha existência, minhas ações e minhas relações com as pessoas. Isso também significa não reagir imediatamente a todos os estímulos. Se eu esperar apenas alguns segundos, isso me permite reagir de forma diferente, geralmente melhor do que a reação determinada por minhas crenças, minha educação e experiência.

(Peter Geiser)

Anselm Grün: Quando nos vemos como vítimas, ficamos paralisados e criamos uma atmosfera de insatisfação ao nosso redor. Aqueles que se veem como vítimas acusam o mundo por tê-los tratado tão mal. O importante é não permanecer no papel de vítima, mas dizer adeus a ele e assumir a responsabilidade por minha vida: o que posso fazer para moldar minha vida? Sempre há margens de ação nas quais podemos agir ativamente em vez de nos sentirmos como vítimas. Não podemos organizar tudo da maneira que queremos. Mas se usarmos o espaço de manobra que sempre temos, nós nos sentiremos livres por dentro e poderemos aproveitar nossa energia.

Vale a pena?

Perceber o problema, mas depois parar de se preocupar com ele. Esperar um ou dois dias. Só então voltar a lidar com o problema.

Discutir a essência do problema com amigos e especialistas.

Perguntar a si mesmo: Qual é a pior coisa que pode me acontecer? E quando isso ficar mais claro, procurar medidas para evitar o pior.

Uma pergunta que faço a mim mesmo é o que Jesus faria nessa situação.

É bom fazer uma lista que relacione as vantagens e desvantagens. Continue atualizando essa lista por alguns dias e depois a reavalie.

O que também é importante: eu me pergunto se vale a pena se preocupar com isso.

(Rainer König)

Prezar o imperfeito

O que torna minha vida mais simples é aceitar que a vida pode ser imperfeita e fragmentada. Eu costumava ser uma daquelas pessoas que achava que, se eu lesse o livro certo, participasse do seminário certo, conhecesse as pessoas certas… todos os enigmas seriam resolvidos e todos os fragmentos se juntariam para formar um todo completo. Mas, em algum momento, percebi que só estava me colocando sob uma enorme pressão ao pensar dessa forma. Desde então, aprendi a apreciar o pequeno e o imperfeito.

(Claudia Balk)

Anselm Grün: Em um tempo em que todos buscam constantemente o autodesenvolvimento e, portanto, correm o risco de se sobrecarregar, é bom reconciliar-me com o fato de que minha vida sempre permanecerá fragmentada. Esse reconhecimento me relaxa. Sei que há muitos fragmentos que compõem minha vida. Se eu aceitar isso e me reconciliar com isso, esses fragmentos se tornam minha vida e minha vida se torna completa. Ela assume uma forma: a minha forma. Porque todos os fragmentos formam essa forma única de minha pessoa e de minha vida.

Ouse o mais difícil: uma vida simples

Como posso viver com simplicidade? Em primeiro lugar, algumas imagens vêm à mente: olhar para cima, em meio ao estresse diário, fazer uma pausa, perceber. O céu! O canto dos pássaros! O sorriso de uma pessoa! Ou: estar junto com um bom amigo, sem muitas palavras. Ficar em silêncio juntos. Ou: uma mesa farta, cercada de filhos e netos, amigos e parentes. Conversar, saborear, rir, compartilhar.

Mas, às vezes, viver com simplicidade também significa não se esquivar de coisas complicadas e difíceis. "Simplesmente" abraçar a vida como ela é. Isso exige muita coragem. Colocar-se no lugar de outra pessoa que não pensa como eu.

Reconhecer Jesus em seu próximo. Ouvir uma pessoa. Talvez a tia-avó antiquada. Ou o vizinho que se opõe a turbinas eólicas. Simplesmente: viver.

Ficar do lado dos pobres e marginalizados, mesmo que você veja todos os dias o quão pouco pode fazer e quão complexas podem ser as consequências de cada decisão individual. Simplesmente: viver.

Expor-se a verdades incômodas e repensar suas próprias ações. Arrepender-se diariamente, como diz Jesus. Tomar medidas para preservar a criação de Deus e tornar a vida neste planeta possível para todos nós, não importa o quão complexo e ineficaz isso possa parecer. Simplesmente: viver.

Orar. Mesmo que tantos pedidos pareçam não ser ouvidos, mesmo que meu tempo pareça não ser suficiente, mesmo que eu frequentemente discuta mais com Deus do que o louve. Simplesmente: viver.

Enfrentar seus próprios abismos. Olhar para as feridas, confidenciar-se a alguém, permitir a cura, ousar perdoar. É tão difícil, mas é simples: viver.

Atrever-se a fazer a coisa mais difícil e mais complicada, ou seja, simplesmente viver! Porque temos o melhor apoio. O Espírito de Deus sussurra em nosso ouvido a cada momento a verdade mais verdadeira que torna tudo simples e vivo: você é amado.

(Katrin Göring-Eckardt)

Ritual

Enviar bênçãos

O estresse depende da atitude com que encaro o trabalho. Um ritual para evitar o estresse é o ritual da bênção. Antes de ir ao trabalho, mantenha-se ereto e levante as mãos para o ritual da bênção. Imagine que a bênção de Deus flui através de suas mãos para as pessoas com quem e para quem você trabalha. Combine a bênção de Deus com seus próprios pensamentos e desejos benevolentes para os funcionários. Imagine como a bênção de Deus envolve a pessoa que você está imaginando como se fosse um manto protetor, com uma atmosfera de amor e bondade. E imagine como a bênção de Deus permeia essa pessoa de modo que ela esteja completamente em harmonia consigo mesma. Permaneça nesse estado por alguns instantes. Depois, pergunte a si mesmo: Se eu encontrasse essa pessoa agora, como eu a encontraria? O estresse de ter de cumprir as expectativas dessa pessoa desapareceria? O gesto da bênção pode libertá-lo da pressão que, de outra forma, sentiria em relação a determinadas pessoas. Quando vai ao trabalho, vai ao encontro de pessoas abençoadas.

“Eu sou eu próprio!”

Lembre-se sempre de como se sentiu quando percebeu: “Eu sou eu próprio”. Você se sentiu livre. Você se ergueu por dentro e percebeu que a vida não é tão estressante assim. Se eu não me pressionar constantemente para atender às expectativas dos outros e, em vez disso, tentar viver completamente de dentro para fora, a vida simplesmente fluirá.

Você também pode tomar uma resolução muito específica para dizer a si mesmo várias vezes durante o dia: “Eu sou eu próprio”. Diga essa frase para si mesmo quando o despertador tocar pela manhã. Assim, você não será determinado pelos compromissos que o aguardam naquele dia. Você se levantará livre por dentro. E o dia será diferente. E, em algum momento, essa liberdade interior se tornará cada vez mais uma segunda natureza sua. É só uma questão de praticar isso continuamente e dizer esta frase para si mesmo: “Eu sou eu próprio”.

Encontre sua força interior

Todos têm seus pontos fortes. Muitas vezes, porém, não nos damos conta disso porque, imediatamente, comparamos nossos pontos fortes com os dos outros. Sempre há pessoas que escrevem melhor do que eu, que correm mais rápido, que saltam mais longe, que têm mais sucesso do que eu. Mas o fato de alguém escrever melhor não deve me impedir de escrever do meu jeito. Se alguém consegue correr mais rápido do que eu, isso não significa que eu não deva melhorar minha corrida para descobrir meus limites. Trata-se antes de desenvolver meus pontos fortes na medida certa para mim.

A primeira etapa é descobrir meus pontos fortes. Em que sou bom? O que gosto de fazer? Qual é a minha paixão? Não importa se consigo superar os outros com meus pontos fortes, mas se tenho paixão por algo. Quando tenho paixão por algo, a paixão em mim desperta também meus pontos fortes. Os pontos fortes não podem ser medidos objetivamente, como se fossem um quociente de inteligência. Em vez disso, desenvolvo meus pontos fortes quando tenho paixão por eles. Os psicólogos dizem que apenas 20% do meu sucesso se devem a meu talento, 80% dependem de trabalho árduo e disciplina. É claro que isso não faz muito sentido se eu imaginar que preciso me tornar o melhor matemático se não tiver talento em matemática. Nesse caso, não estou vivendo de acordo com meus pontos fortes. Estou me iludindo. Quero ter sucesso em determinada área porque minha ambição me impulsiona a isso. Mas deixo de lado meus pontos fortes reais.

Encontro meus pontos fortes quando reflito sobre isto: O que despertava minha paixão quando eu era criança? Eu sempre tinha energia quando fazia o quê? Em que eu sempre fui bom? Ou seja, não descubro meus pontos fortes quando me comparo com os outros, mas somente quando escuto minha alma e presto atenção no que eu gostava e fazia bem quando era criança e no que gosto de fazer agora. Onde há amor, há força.

No aconselhamento, muitas vezes me deparo com pessoas que só falam sobre seus pontos fracos. Elas não têm força suficiente para acompanhar o ritmo dos outros no trabalho. Não têm a capacidade de falar na frente de outras pessoas, numa reunião, por exemplo. Não têm dons técnicos, não têm a educação intelectual das pessoas que admiram. São Paulo também sofria com suas fraquezas. A fraqueza que ele tinha era provavelmente o fato de que ele conseguia escrever bem, mas não era tão bom e convincente em sua aparência e discurso ao vivo. Os coríntios o censuraram por isso: "Sim, suas cartas são poderosas e cheias de vigor, mas sua aparência pessoal é fraca e suas palavras são pobres" (2Cor 10,10). Paulo sofria com essa fraqueza, mas obviamente também tinha problemas relacionados à saúde. Mas Jesus lhe diz: "A minha graça te basta, porque ela manifesta sua força na fraqueza" (2Cor 12,9). Minha experiência me mostra que minha força pode se tornar fraqueza, e a força pode estar na minha fraqueza. Meu ponto forte de conseguir trabalhar rapidamente tem o lado negativo da impaciência e da tendência de colocar os outros sob pressão. Minha fraqueza de reagir com sensibilidade a críticas tem o lado oposto de ser capaz de sentir empatia pelos outros. Admitir minha fraqueza já é um sinal de força. E minha fraqueza me permite entender melhor os outros. Alguns executivos acham que sempre precisam ser fortes, mas se admitirem suas fraquezas, poderão liderar os outros com mais sensibilidade e cuidado.

* * *

Minhas afirmações

Sou atencioso, calmo e grato. Eu me abro para o fluxo da vida com meu amor, bondade e gratidão, que fazem maravilhas. Desperto cada vez mais em mim mesmo, cumpro todas as minhas tarefas e metas com alegria e gratidão e as aceito com amor. Sou ativo e ajo agora. Realizo o presente. Amo e faço o que quero. Simplesmente faço e vejo o que acontece. Tenho infinitas ideias. Sou uma pessoa maravilhosa. Sou uma pessoa adorável. Eu me amo. Tenho orgulho de mim mesmo. Sou um criador. Sou um organizador e ajudante. Trago felicidade aos outros. Bebo água deliciosa e sou saudável. Posso fazer o que quiser, sou bem-sucedido, tudo é possível, basta fazer e ver o que acontece, posso fazer isso sempre que penso nisso. Sou compassivo, porque aqueles que são compassivos são valiosos e amorosos. Sou completamente eu próprio e estou disposto a perdoar a mim mesmo e aos outros. Percebo que já tenho tudo e que não me falta nada.

(Uwe Siebeck)

Pensamentos bons são companheiros que fortalecem

Por muitos anos, um pensamento do místico e monge Mestre Eckhart tem me acompanhado. Ele escreveu: "Se alguém perguntasse à vida por mil anos: 'Por que vives?' – se ela pudesse responder, não diria outra coisa senão: 'Eu vivo porque vivo'. Isso acontece porque a vida vive a partir de sua própria razão e brota de seu próprio ser, portanto, ela vive sem um porquê, precisamente porque vive a si mesma". Esse pensamento me inspira e me encanta sempre: a vida em si, o simples fato de "estar vivo" e participar dela, tem uma beleza preciosa por si só. Eu simplesmente vivo, cada respiração, cada sorriso e cada lágrima fazem parte da minha vida.

O fato de estar "vivo", sem nenhuma compulsão de dar sentido à vida, é precioso. Toda forma de busca forçada por significado e o perigo de ter que dar sentido à dor e ao sofrimento se calam, assim como a eterna ponderação e cálculo de custos e benefícios. A vida não precisa de justificativas! Tudo faz parte da vida, e eu a vivo sem um porquê. Uma vida sem um porquê também exige muito comprometimento sem considerar e pensar no sucesso: trabalhar por um mundo justo e pacífico apesar das tensões e crises atuais é uma tarefa permanente para mim sem um porquê. Para mim, o pensamento de Mestre Eckhart é um pensamento sábio – sábio no sentido de pensar com conhecimento e inteligência sobre a vida. Portanto, a sabedoria não é uma questão de idade e de experiências de vida, mas de como vemos a vida: se a vida respira suavidade, calor e beleza, é possível encontrar sabedoria. No "sem porquê" de Mestre Eckhart, as pessoas encontram sabedoria para a vida na juventude e para a vida na velhice.

(Günter Hänsel)

Anselm Grün: O que o pastor protestante Günter Hänsel escreveu sobre Mestre Eckhart foi resumido pelo místico silesiano Angelus Silesius no verso: "A rosa é sem razão / Ela floresce porque floresce / Ela não se preocupa consigo mesma / Ela não pergunta se os outros a veem".

Quando sou completamente eu próprio, sem me perguntar se os outros me veem e me notam, eu sou verdadeiramente livre. Então simplesmente vivo, vivo de verdade. Minha vida deixa de ser restringida por muitas considerações: Serei visto pelos outros? Eles estão satisfeitos comigo? Estou agindo corretamente com eles? Os outros realmente reconhecem meu trabalho? Perguntas como essas nos impedem de simplesmente nos envolvermos na vida sem nenhum "porquê".

Igual a cantar em voz alta

O que me ajuda? Dar uma voz ao cinema em minha mente! Como isso funciona? Quando situações passadas e encontros com pessoas me vêm à mente: permita que aconteçam e, se o momento e a situação permitirem, comente em voz alta ou fale sobre eles. Dessa forma, crio uma situação real. Isso me permitiu – e ainda me permite – processar conflitos antigos e novos ou diálogos não resolvidos. Também é incrivelmente gratificante lembrar conscientemente de momentos bonitos e especiais em voz alta dessa maneira. É igual a cantar em voz alta.

(Marlene Koch)

Anselm Grün: Muitas pessoas se queixam de que nunca conseguem encontrar paz e tranquilidade. Assim que tentam se aquietar, o filme na cabeça começa a rodar. A mente está sempre inquieta. Uma enxurrada de pensamentos e reflexões passa pela cabeça. Uma maneira de lidar com isso é a descrita por Marlene Koch: dar voz ao cinema mental, comentando e explicando os muitos pensamentos, muitas vezes confusos, que passam pela minha cabeça. Outra maneira é transformar os muitos pensamentos em uma oração. Eu os permito e os levo até Deus. Então digo a Deus: Eu também sou assim, essa pessoa superficial que pensa em mil coisas sem importância. Então, deixo de lutar contra o cinema em minha cabeça – luta esta que, muitas vezes, não tem sucesso –, mas o transformo em uma oração. Assim, aos poucos, posso descansar na presença de Deus.

Humor dá força

Perdi meu marido cinco anos atrás e fiquei muito abalada durante o funeral em nossa pequena igreja do vilarejo. Enquanto cantava uma das músicas, eu não conseguia ver as notas nem as palavras no hinário porque chorava. Meu sobrinho, que estava sentado ao meu lado, percebeu isso e colocou o dedo indicador na seção da página do hinário. Voltei a chorar durante a segunda música e meu sobrinho me ajudou novamente. Quando isso aconteceu novamente durante a terceira e última música, sussurrei em seu ouvido: "Posso contratá-lo para outras ocasiões?" E ele sussurrou de volta: "Mas terá que pagar o preço de mercado!" Isso fez com que nós dois ríssemos, e nessa risada já havia um pouco de esperança de que minha vida continuaria. Sabíamos que havia algo que nos mantinha unidos, o humor em minha família – e que essa coesão era irrevogável e surgia com surpreendente facilidade, especialmente quando algo parecia particularmente difícil e desprovido de esperança.

(Babette Kleyenstüber)

Anselm Grün: O humor pode ser um ponto forte. O período após a guerra não foi fácil para minha mãe. Ela tinha sete filhos para criar. A empresa do meu pai fechou. O banco queria leiloar nossa casa. A irmã da minha mãe morava na mesma propriedade, na casa vizinha, com seis filhos. As duas mulheres se apoiavam mutuamente. E embora a situação após a guerra fosse deprimente, as duas riam muito. O humor as ajudava a superar situações difíceis. Se eu reagir com humor ao que acontece comigo não darei nenhum poder a isso, assumirei uma posição a partir da qual poderei olhar para as coisas sem deixar que elas me dominem. Não sou dominado pelo que me oprime, mas rio das coisas e, assim, ganho distância delas. Percebo a mim mesmo e percebo minha capacidade de me distanciar de forma alegre das coisas que pretendem me sobrecarregar.

O que fortalece: ajudar os mais fracos

Minha vida mudou quando completei 50 anos de idade. Trabalhei com meu marido por trinta anos para sustentar a família e, então, dei ouvidos ao desejo que eu tinha desde muito jovem: ajudar os outros, especialmente os mais vulneráveis. Meu modelo era Madre Teresa. Eu sempre chorava quando via como ela tratava as pessoas. Então, mais ou menos aos 50 anos de idade, descobri Naomi Feil, que desenvolveu um método de comunicação para pessoas com demência. Esse método permite manter a comunicação com pessoas muito idosas e desorientadas até que elas nos deixem. Isso lhes devolve a dignidade e melhora seu bem-estar. Há oito anos, isso se tornou minha profissão e trabalho em uma casa de repouso. Era isso que eu estava procurando. Isso deu sentido à minha vida. Embora possa ser um trabalho desgastante, isso me devolve muita energia positiva. Há oito anos, anseio por ir trabalhar todos os dias. Em suma: se você se ama e se ouve, você leva uma vida mais feliz, e essa alegria contagia os outros, que também se tornam mais felizes.

(Daniela Perrozzi)

Ritual

A paixão da infância

Feche os olhos e imagine o que você gostava de fazer quando era criança, onde brincava com paixão ou onde e como experimentava suas habilidades. Em seguida, volte ao presente e pergunte a si mesmo: Posso transferir essa paixão e essa maneira de brincar para minha vida atual? Isso pode ser uma imagem para meu trabalho em minha profissão? Imagine seu trabalho diário em termos concretos e, em seguida, compare-o com o que despertava sua paixão na infância. Agora, você consegue ver seu trabalho de forma diferente? Isso lhe devolve o desejo de fazer seu trabalho? Você sente que pode realizar suas habilidades e pontos fortes em seu trabalho?

Fortaleça sua autoestima

A força interior e a autoconfiança têm algo a ver com a capacidade de me defender. Posso praticar a capacidade de me defender. Fico em pé como uma árvore, com os pés separados na largura dos quadris. Então, imagino minha respiração indo das solas dos pés até a cabeça quando inspiro e da cabeça até o chão quando expiro. Ao expirar eu me arraigo cada vez mais profundamente, assim como uma árvore penetra o solo com suas raízes. Então imagino: "Eu me mantenho sozinho. Eu me defendo. Tenho resistência. Posso superar qualquer coisa". O corpo é um indicador de como estamos nos saindo. Ao nos mantermos bem e saudáveis, podemos adquirir não apenas resistência externa, mas também resistência interna. E isso nada mais é do que autoconfiança e autoestima.

Dê estrutura ao dia a dia

Algumas pessoas acham que viver com simplicidade significa entregar-se ao momento e fazer apenas o que elas têm vontade de fazer, simplesmente deixar-se levar e viver. Mas não organizar o tempo não faz bem às pessoas. Para que as pessoas possam criar ordem em sua alma, elas também precisam de uma estrutura externa. A estrutura que dou à minha vida cotidiana não deve, é claro, ser uma estrutura forçada que me constranja e me prive de minha liberdade. Uma boa estrutura me liberta. Mas também ela precisa de liberdade e flexibilidade. Encontro a estrutura certa para meu dia a dia quando a adapto a meu ritmo interno. Cada um de nós tem um biorritmo. Se organizarmos a estrutura de nosso dia a dia de acordo com esse ritmo, viveremos de uma forma que corresponda à nossa natureza. C. G. Jung acredita: aquele que trabalha no ritmo consegue trabalhar de forma mais eficaz e sustentável. E o ritmo também se impõe à alma e lhe confere uma boa estrutura. O ritmo nos mantém despertos. Eu não trabalho sem parar, mas também me certifico de fazer intervalos, de que haja um bom equilíbrio entre esforço e descanso. O ritmo dá espaço a tudo que é essencial para a vida. Nossa vida monástica beneditina é bem estruturada. Os líderes empresariais que nos visitam na abadia sempre se surpreendem com esse ritmo. Mas percebem que isso lhes faz bem. E eu próprio percebo que, se eu me entregar a esse ritmo beneditino, terei tempo suficiente todos os dias para trabalhar, rezar, meditar, fazer pausas e conversar com meus confrades.

Os rituais ajudam a dar uma boa estrutura ao dia a dia. Os rituais criam um momento sagrado. Sagrado é aquilo que é separado do mundo, aquilo sobre o qual o mundo não tem poder. O tempo sagrado pertence a mim. Ele me dá a sensação de que eu próprio estou vivendo em vez de ser vivido. Se eu tiver um breve momento sagrado todos os dias, de manhã e à noite, os outros momentos também deixam de ser uma corrida de ratos para mim. Todos os dias aguardo ansiosamente o momento sagrado que me pertence, em que não sou perturbado por ninguém de fora, em que sou completamente eu próprio, em que estou em contato comigo mesmo. Se eu começar o dia com um pequeno ritual, ele se tornará meu dia. E se eu terminar a noite com um ritual, não terei a sensação de que simplesmente mais um dia passou. Mesmo que o dia tenha sido fragmentado, o ritual da noite o reúne e o torna completo. E posso entregá-lo a Deus e soltá-lo para que eu possa me abrir para a noite.

Outra imagem para os rituais: os rituais fecham uma porta e abrem uma porta. A porta do trabalho precisa ser fechada para que a porta de meu espaço pessoal, de meu lar, possa ser aberta. Se eu não fechar as portas entre as diversas atividades, uma corrente de ar sempre estará passando por elas. Mas isso não faz bem nem para o corpo nem para a alma. Os rituais me permitem estar totalmente no presente. O ritual no início do trabalho me abre para o trabalho. O ritual no fim do dia fecha a porta do trabalho para que eu possa estar totalmente presente em casa.

Para São Bento, a virtude mais importante é a moderação. Isso também se aplica à estruturação do tempo. Se tudo estiver organizado, não haverá espaço para a espontaneidade. São Bento sabe que o ritmo do dia pode ser interrompido quando surgem situações imprevistas, quando um visitante aparece sem avisar. Nesse caso, é mais importante abrir mão de sua própria estrutura e se envolver totalmente com a visita. Se as pessoas planejaram seu dia de tal forma que são perturbadas quando um amigo aparece espontaneamente e elas reagem com irritação a isso, sua estrutura se torna uma estrutura forçada. Corre o boato que você podia ajustar seu relógio de acordo com a hora em que Immanuel Kant saía para caminhar. Mas Kant também tinha um caráter compulsivo. Alguns dizem que isso também é evidente em sua filosofia, que não tem nada da leveza dos filósofos gregos. Preciso do equilíbrio certo entre estrutura e espontaneidade, entre ritmo e entrega total ao momento, entre olhar para frente e estar no presente, entre planejar e ouvir os impulsos da minha alma para ver o que me convém no momento.

* * *

Começa de manhã

A vida simples começa de manhã: antes de se levantar, tire um tempo para relaxar e estabeleça pequenas metas para o dia. Em seguida, levante-se e comece lentamente sua rotina diária, com um simples café da manhã e, depois de purificar o corpo, sente-se calmamente em uma poltrona ou no sofá e leia um texto inspirador. Nem sempre precisa ser um texto religioso! Faça uma pausa antes de dar início às atividades do dia! E pratique a atenção plena repetidamente, se possível, ao longo do dia. Talvez até dê desligue o celular por um tempo! E faça uma caminhada à noite ou vá à academia em dias alternados e faça exercícios, como eu costumo fazer. Depois, leia ou simplesmente não faça nada e descanse.

(Thomas Eifler)

Já antes do café da manhã

Sou grata por minhas rotinas diárias, que me dão estabilidade e direção sem serem um espartilho que me sufoca. Estendo meu tapete de ioga pela manhã e depois tomo o café da manhã sem ter que discutir com minha resistência interna todas as vezes. Meditação, comida e caminhadas também são parte integrante da minha vida e, praticadas regularmente, quase se transformam numa zona de conforto. Recomendo fortemente que você se estruture dessa forma. Isso simplifica sua vida.

(Christina Buss)

Uma música

O ritual que sempre me ajuda a começar o dia: eu canto a música de Cat Stevens "Morning light shines, pure as the beginning..." todos os dias durante meu ritual de higiene matinal. ("Morning has broken..."). É uma música que me anima. Ela expressa admiração pela manhã e, ao mesmo tempo, gratidão pelo dia que me foi dado. Assim tento começar o dia com confiança.

(Edith Renfordt)

Iniciar o dia com a Bíblia

Costumo ler a Bíblia durante o intervalo do café da manhã, geralmente até me deparar com um versículo que me toca de forma especial. Em seguida, costumo me sentar e refletir um pouco sobre o que esse versículo tem a ver comigo. Em seguida, penso em meu comportamento ou em coisas que disse ou fiz. Se me lembro de coisas das quais me arrependo, peço perdão a Jesus – e minha alma e minha vida voltam a se sentir um pouco mais leves.

(Björn Pietschmann)

Anselm Grün: Na tradição protestante existe o ritual de ler o versículo para o dia que é lido pela manhã. Trata-se de versículos bíblicos que um comitê escolhe a cada ano para cada dia. Muitas pessoas começam o dia com essas palavras. Elas refletem sobre como seu dia mudaria se vivessem com base nessa palavra, se olhassem para as pessoas que encontrarão hoje e para o trabalho que os espera hoje sob a perspectiva desse versículo bíblico. As palavras têm o poder de transformar nossos sentimentos. Sempre carregamos palavras dentro de nós. E reagimos a tudo o que acontece conosco com palavras internas: "Que droga! Por que isso sempre tem que acontecer comigo? Por que o motorista à minha frente não consegue ver que o sinal já abriu?" As palavras caracterizam meu humor. Se eu pegar uma palavra da Bíblia e conscientemente tentar responder a tudo o que me acontece hoje com essa palavra ou confrontar a situação com essa palavra, então meu dia será transformado. Assim, a fé caracterizará minha vida. Muitas pessoas reclamam que seu dia a dia está tão distante da fé. Se eu levar uma palavra da Bíblia comigo para a vida cotidiana e comentar tudo o que vivencio a partir dessa palavra, então a fé transformará minha atitude interior e verei tudo sob uma luz diferente, mais suave e divina.

Começar de forma consciente

Já há algum tempo começo quase todos os dias da mesma maneira, o que me faz muito bem. Sentado ou deitado na cama, olho para a cruz, e a primeira coisa que faço é conscientemente fazer o sinal da cruz e perceber que estou me colocando sob a bênção de Deus. Dou graças pela noite e pelo fato de que agora posso começar um novo dia. Depois, sempre faço as mesmas cinco orações: 1. "Deus amado, mostra-me hoje o caminho que queres que eu siga! Diz-me o que queres que eu faça por ti!" 2. "Espírito Santo, nunca escolherei a escuridão, mas sempre deixarei entrar o que vem de ti com uma clareza brilhante." 3. "Senhor Jesus Cristo, Filho de Deus, tem misericórdia de mim!" 4. "Deus amado, eu confio em ti, coloco minha vida em tuas mãos." 5. "Senhor, dá-me hoje o anjo da gratidão, o anjo da confiança e o anjo..."

Meus dois leais anjos da gratidão e da confiança, que me acompanham todos os dias, são muito importantes para mim. Em longo prazo, essa atitude gera paz interior e contentamento. Raiva, preocupação etc. ainda ocorrem frequentemente em minha vida hoje, mas agora já me afetam de forma diferente. E, por fim, nesses momentos, há também o meu anjo de "permito que hoje algo não seja como eu quero, e isso não me derrubará..."!

(Erwin Klinkenberg)

Só cinco ou dez minutos: silêncio

A simplicidade é vivenciada por aqueles que entram no silêncio. No silêncio que eu próprio escolhi só existe o uno, nada mais. Deveríamos voltar a exercitar esse confronto com o silêncio, mesmo que seja apenas por cinco ou dez minutos durante o dia.

(Katharina von Burg)

Anselm Grün: Silêncio significa: existência pura, simplesmente estar presente sem precisar realizar nada. O silêncio já é. A igreja é silenciosa, a floresta é silenciosa. Meu quarto é silêncio. O silêncio me cerca. Não preciso criá-lo. Mas minha tarefa é percebê-lo, mergulhar nele. Se eu tentar fazer isso, o silêncio que me cerca também penetrará em mim. Ele me capacita a permitir que tudo esteja dentro de mim sem julgar nada. Ele permite que eu simplesmente seja. Isso é libertador. O silêncio também tem outro poder: ele me conecta além de Deus, mas também com tudo que existe, com a natureza e com as pessoas. Quando conversamos uns com os outros, muitas vezes há mal-entendidos. As palavras podem conectar, mas também podem separar. O silêncio nos conecta em um nível subverbal. E nesse nível interno não há mal-entendidos. Somos simplesmente um, conectados uns com os outros. Quando percebo isso em minha meditação matinal, começo meu dia de forma diferente. Sinto-me conectado com todas as pessoas que encontro no ônibus, na cidade, no escritório, na loja. Minha vida se torna mais simples, mais fácil.

Durante as tarefas domésticas

A maioria dos oito bilhões de pessoas trabalha todos os dias de forma enfadonha, tediosa, desvalorizada, mal-remunerada e, às vezes, perigosa. Em geral, elas não têm escolha, pois precisam viver, comer, beber e sobreviver. Qualquer pessoa que esteja lendo isto também tem tarefas domésticas. Nós as achamos incômodas, desagradáveis, mas elas precisam ser feitas! Como posso reorganizá-las, remodelá-las? Talvez você possa dividir o monte de tarefas irritantes em duas dezenas de atividades ou mais. Faça uma lista, por exemplo: limpar todas as lâmpadas, todos os tetos, todos os estofados e assim por diante. Num sentido mais diário: passar o aspirador de pó na cozinha, no banheiro e nas salas de estar. Isso pode ser feito em um tempo surpreendentemente curto. Se fizer algo todo dia não precisará de quase nenhum esforço. Observe as inúmeras pessoas que não têm escolha, dia após dia, pense especialmente no doloroso trabalho forçado de muitas crianças. Essa contemplação, essa meditação funcionam! Você se torna muito pequeno, muito humilde. Você fica com vergonha de sua insatisfação. Olhe em sua volta e sinta um pouco de satisfação com a facilidade com que consegue fazer suas pequenas coisas.

Essa observação pode até fazê-lo sentir um senso de amor humano, compaixão pelas pessoas que não estão bem – e que não têm culpa. E sua situação de conforto é simplesmente um presente para você, sem nenhum mérito de sua parte. Você está cumprindo um dever modesto e evidente. (A ideia de reclamar nem lhe passa pela mente...)

E você percebe que o exercício diário com o trabalho doméstico lhe faz visivelmente bem física e mentalmente, especialmente quando olha para os inúmeros pobres em sua imaginação: uma meditação que vale a pena fazer porque se baseia na realidade, naquilo que dói...

Diga sim ao que continua incomodando e não o reinvente.

Se eu fizer o trabalho doméstico de coração aberto, de olho nos inúmeros pobres, ele será feito de forma mais consciente, mais relaxada. Se eu o fizer de forma regular e confiável, isso pode contribuir decisivamente para a harmonia familiar com meu parceiro e meus filhos.

Se eu estiver em contato com meu anjo companheiro como alguém que eu ouço, ele me avisará sobre perigos externos no trabalho. Mas ele também me alertará sobre decepções se meu trabalho doméstico for constantemente ignorado. Isso pode ser muito doloroso, mas me incentiva a pensar e observar as coisas com cuidado. (Qual é a gratidão que parte de mim?)

(Karl-Herbert Mandel)

Uma vez ao dia: tempo para mim

Todos os dias reservo meia hora só para mim – com uma xícara de chá: chamo isso de "tempo para mim". Resultado: isso me permite praticar atenção plena, pelo menos por tempinho.

Para fugir do meu perfeccionismo, digo a mim mesma pelo menos uma vez por dia: "Estou bem do jeito que estou". Resultado: eu me dou amor e paro de me criticar.

E na cama, antes de dormir à noite, penso comigo: "Pelo que sou grata hoje?" Resultado: isso me permite concluir o dia com satisfação.

(Marianne Despont)

Antes de dormir

Minha experiência: se eu ler um artigo de "vida simples" ou ler algum de meus livros espirituais à noite antes de dormir, meditar sobre algumas linhas e minha alma se acalmar, então o dia seguinte será mais fácil.

(Gertrud Gschnell)

Anselm Grün: O que fazemos, lemos ou assistimos à noite também nos acompanhará à noite. Evágrio Pôntico, um monge do século IV, reconheceu esse mecanismo. Ele escreveu que, se levarmos o sentimento de raiva ou ressentimento conosco para o sono, teremos sonhos com animais selvagens e cobras venenosas, e acordaremos exaustos na manhã seguinte. Nós mesmos podemos vivenciar isso: o que vejo na televisão à noite penetrará meu inconsciente durante a noite e também se refletirá em meus sonhos. Mas se eu ler um bom livro, as lembranças moldarão meu inconsciente. A tradição espiritual reconhece a oração noturna como um ritual noturno. Quando adormeço rezando, isso faz bem à minha alma. Algumas pessoas ficam com a consciência pesada quando adormecem durante suas orações noturnas. Mas é a melhor coisa que pode acontecer com você. Adormecer rezando é cura para a noite, para meus sonhos, para minha alma.

Higiene do sono

Evitar assistir à TV à noite e, ao mesmo tempo, ir para a cama cedo – isso resulta em uma cabeça alerta pela manhã que não precisa de despertador. Adquiri o hábito dessa higiene do sono e estou muito mais relaxada.

(Klaudia Ternus)

Um exercício para todas as noites

Apesar dos muitos altos e baixos em minha vida, consegui encontrar paz e contentamento profundos simplesmente praticando gratidão e humildade como um ritual noturno diário rezando e conversando comigo mesmo. Por meio desse fortalecimento de minha alma, o amor e a paz cresceram dentro de mim, de modo que as nuvens escuras e o ódio não têm mais lugar.

(Eberhard Wagner)

Ritual

Abençoar o novo dia

Comece seu dia com um gesto de bênção de mãos erguidas. Imagine que a bênção de Deus flui através de suas mãos para os quartos de sua casa e para os espaços de seu trabalho. Assim, você irá para o trabalho de forma diferente. Você não terá mais a impressão de que seus espaços de trabalho estão cheios de discussões e intrigas, obscurecidos por emoções negativas e sombras reprimidas. Em vez disso, você entrará em espaços em que habita a bênção de Deus. E imagine como você envia bênçãos para as pessoas que encontrará hoje, para sua família, seus amigos e seus colegas de trabalho. Assim, você poderá se lembrar da bênção que enviou para essas pessoas quando as encontrar. O dia será diferente.

Oferecer o passado a Deus

Para muitas pessoas, a noite é caótica. Elas estão cansadas, elas se jogam na frente da TV e vão para a cama cansadas. Mas, na verdade, o dia não é concluído. Experimente um ritual diferente: fique em frente a uma imagem de Cristo ou uma vela, abra as mãos em forma de tigela e segure-as à sua frente. Mostre o dia anterior e tudo o que aconteceu a Deus. Não julgue o dia. Acima de tudo, mostre a Deus aquilo que o deixou insatisfeito. Mas evite ficar remoendo: "Se ao menos eu tivesse feito isso ou aquilo..." O dia acabou. Ele é o que é. Apresente tudo a Deus e confie que Ele transformará tudo o que não foi perfeito em uma bênção para você e para as pessoas. Em seguida, olhe conscientemente para o dia anterior através das lentes da gratidão. Assim você certamente se lembrará de algo pelo qual possa agradecer: por bons encontros e conversas, por sua família e amigos. Depois, vá para a cama sentindo gratidão.

Busque viver no aqui e no agora

Parece tão difícil e, no entanto, é tão fácil: ninguém vive tanto no presente, de forma tão simples e dedicada, como as crianças, que pensam e sentem e brincam de forma tão original. Elas estão completamente no aqui e agora, completamente presentes. Muitos de nós, adultos, por outro lado, vivemos no passado ou no futuro. Estamos sempre pensando: "Eu deveria ter dito o que disse? Eu deveria ter tomado uma decisão diferente. Se ao menos eu tivesse sido mais amigável na conversa". Quando pensamos dessa forma, o passado nos sobrecarrega e nos impede de viver o presente. Outros sempre pensam no futuro: "Se eu fizer isso, o que poderá acontecer? Terei tempo suficiente para concluir a tarefa? A guerra atrapalhará meus planos de vida? O que acontecerá se eu ficar doente? Quem cuidará de mim se isso acontecer?" Os pensamentos sobre o que poderia acontecer desviam nossa atenção do presente.

Se, por outro lado, vivermos plenamente o momento, a vida se tornará mais fácil, mesmo para nós, adultos. Eu simplesmente estou presente. Eu me envolvo nesta conversa, neste trabalho, neste encontro, neste livro. Não penso no que tenho que fazer depois, se ainda tenho tempo suficiente para concluir a tarefa. Digo a mim mesmo: uma coisa de cada vez. Farei isto agora. Agora ouvirei apenas esta palestra e não pensarei no que estou perdendo. Muitas pessoas não conseguem se envolver no momento porque têm medo de perder algo mais importante. Portanto, nunca estão no presente. Sua vida se torna desorganizada e estressante.

É uma arte entregar-se totalmente ao momento. Mas só assim posso saborear cada momento. Estou aproveitando a conversa agora e não estou pensando nas outras coisas que deveria estar fazendo hoje à noite. Isso torna a vida mais intensa e consome menos energia. Algumas pessoas, quando precisam ter uma conversa com alguém, pensam em todas as coisas que precisarão dizer muito antes dessa conversa. Como resultado, elas passam o dia inteiro pensando na conversa futura e estragam o momento que estão vivendo. A mente humana tem a tendência de vagar constantemente pelo passado ou pelo futuro. Portanto, é preciso disciplina e uma habilidade especial para se envolver com este momento e viver somente no aqui e agora.

Mas viver no presente não significa suprimir o passado e recusar-se a olhar para o futuro. Há um princípio psicológico e um *insight* da experiência de vida: aqueles que reprimem o passado o repetirão. Isso também se aplica à política: um país que reprime seu passado está condenado a repeti-lo. E isso se aplica à vida pessoal: se eu olhar para o meu passado e me reconciliar com ele, posso soltá-lo. Mas se eu o reprimir, ele sempre terá um impacto negativo sobre meu presente. E olhar para o futuro também me permite moldar o presente com mais sabedoria. Como diz o provérbio romano: "Quidquid agis, prudenter agas et respice finem" ("O que quer que você faça, faça-o com sabedoria e contemple o resultado"). Um pensador que teve uma influência significativa na teologia da Idade Média e de nosso tempo foi Tomás de Aquino. Ele derivou a palavra latina para prudência, "prudentia", de "providentia" ("previsão"). Pessoas prudentes são aquelas que olham para frente, que abrem um horizonte para suas ações e decisões. Esse olhar para o futuro permite que eu me envolva abertamente com o presente, sem enfiar a cabeça na areia e fazer apenas o que preciso fazer. Estar aberto para o futuro também dá ao presente um sabor diferente, o sabor da abertura e da sabedoria.

* * *

Eu. Aqui. Agora

Faltam dez segundos, nove, oito... a hora está quase chegando... cinco, quatro... respire fundo... dois, um... E agora, as notícias com – eu.

Trabalho como apresentador e locutor, principalmente no rádio, e também como apresentador de notícias. Então, fico em uma sala pequena e falo para uma parede cinza e, simultaneamente, pelo microfone, para milhares de pessoas. Em dias bons, é um trabalho empolgante, em outros, é um verdadeiro desafio. Especialmente nos dias em que meu coração transborda de coisas para falar.

"Eu. Aqui. Agora", digo a mim mesmo, respirando suavemente um pouco antes e me lembrando de como funciona falar: palavra por palavra, frase após frase, uma notícia por vez.

Eu. Aqui. Agora. Cinco minutos de notícias: respiração, conteúdo, entoação de voz.

Eu. Aqui. Agora. E, por fim, o tempo e o trânsito. Então, abro a pesada porta à prova de som e, na melhor das hipóteses, ainda há espaço em meu coração para esta "frase":

Eu. Aqui. Agora. Palavra por palavra. Passo a passo. E, uma hora depois, dez segundos antes do momento de falar, o coração talvez já esteja um pouco mais leve, assim como a fala...

(Christopher Mann)

Anselm Grün: O que Christopher Mann recita para si mesmo antes de apresentar as notícias – eu faço algo semelhante antes de cada palestra. Não penso no que devo dizer, se realmente conseguirei apresentar todo o conteúdo em uma hora ou se devo reduzi-lo. Então digo a mim mesmo:

Estou aqui agora. As pessoas estão abertas. Tento olhar para as pessoas e falar com elas, libertando-me da pressão de saber se conseguirei enfiar todas as informações importantes nesta hora ou como as pessoas reagirão a isso ou aquilo. Esses pensamentos costumavam roubar muito da minha energia. Hoje, não me estresso mais antes de dar uma palestra porque estou livre da pressão de ter que provar que sou um bom orador ou de ter que satisfazer as expectativas do público. Tento fazer contato e falar com as pessoas, sentir o que elas precisam no momento. Assim, a apresentação se transforma em uma conversa. Mas não preciso planejá-la e torná-la perfeita.

Dias do aqui e agora

Sou viúva há um ano, e minha amiga está se separando do marido. Estávamos precisando desesperadamente de férias e viajamos juntas. Ficamos conversando uma com a outra sobre a "bagagem" que cada uma de nós trazia. Depois de alguns dias, percebemos que eu só falava sobre o passado – sobre os momentos que passei com meu marido e como era caminhar com ele. Minha amiga só falava do futuro, de seus medos, das decisões que teria de tomar e dos desafios que o novo emprego poderia trazer. Depois de nos darmos conta disso, decidimos viver dias do aqui e agora. Queríamos chamar a atenção uma da outra quando não estivéssemos no aqui e agora. Então, abrimos nossos sentidos e mostramos uma à outra descoberta que acabara de tocar nossos corações. Apreciávamos a comida deliciosa, às vezes em silêncio, e, também em silêncio, nos maravilhávamos diante das cores do mar. Era agradável e fácil suportar o silêncio, e o presente preenchia nossas conversas.

(Dagmar Schnös)

A dica do neto

Minha dica para uma "vida simples": saia da correria e da agitação – reserve um tempo que possa passar com seu neto: leia um livro ilustrado com ele, brinque na caixa de areia, faça um passeio...

Nenhum outro trabalho é importante, nenhum celular... o tempo para. Você precisa aproveitar esse tempo, pois os netos crescem muito rápido.

(Eugenie von der Thannen)

Totalmente no presente

A vida é agora. E: você pode vivenciar a eternidade no agora. Sim. E, ao mesmo tempo, algo novo acontece. A primavera está chegando. Outra pessoa aparece. Isso é tão simples e tão difícil ao mesmo tempo. Deus ordenou que a esposa de Ló não se virasse, não olhasse para trás, para sua terra natal perdida. Mas ela o faz e se transforma em uma estátua de sal. Essa é a grande tarefa: não se apegar ao passado, mas habitar o presente. Que se parece mais com uma barraca do que com uma casa.

(Susanne Niemeyer)

A música nos traz para o presente

Se escapismo significa fugir da realidade como ela é, então fazer música é exatamente o oposto. Fazer música e cantar significa mergulhar no presente, porque, na verdade, só existe o presente, este momento atual. Todo o resto (passado, futuro) são projeções da mente nas quais costumamos nos perder (remoendo, planejando, estando ausentes). Cantar pode ser uma forma de voltar ao presente. Para mim, é um método que costumo usar, mas é claro que há outros: meditação, oração, sexo, dança.

O canto também tem uma qualidade espiritual própria. Para mim, as experiências religiosas mais profundas foram, ao mesmo tempo, experiências de canto. Por exemplo, ensaiar e apresentar a Paixão de São Mateus de J. S. Bach com o coral "Vox Bona" 17 anos atrás foi uma delas. Parece que os cantores e ouvintes sentem a profunda fé do compositor nessa música brilhante e atemporal. As harmonias dos corais de Bach quase sempre me causam arrepios. Foi semelhante quando eu era a única pessoa branca a assistir a um culto batista em uma congregação negra em Washington D.C. em 2000 e a congregação cantou os corais em quatro partes, acompanhada por uma banda, é claro. Eu tinha lágrimas nos olhos enquanto cantava junto. Essas experiências estão entre as mais profundas experiências espirituais que tive.

(Eddi Hüneke)

Sempre que possível

Na simplicidade – fazendo o que é necessário; dispensando o que pode ser dispensado; diminuindo o ritmo sempre que possível – encontramos a vida bem-sucedida e a felicidade. No aqui e agora.

(Reinhold Messner)

Ritual

Durante o trabalho – totalmente no presente

Estar totalmente no presente pode ser exercitado, não preciso de um tempo especial para isso. Basta fazer um passo após o outro com consciência plena. Quando abro a porta para o escritório, não existe coisa mais importante do que isso. Percebo o que estou fazendo. Entro no escritório. Sento-me à escrivaninha. Pego as coisas, ligo o computador e faço uma coisa após a outra. Isso não significa fazer tudo lentamente. Apenas não permito entrar na correria.

Desfrutar do cansaço

Deite-se na cama por 15 minutos e diga a si mesmo: Agora não preciso fazer absolutamente nada, não preciso pensar não preciso decidir nada. Simplesmente aproveito o momento. Sinta o peso do cansaço e diga com gratidão: Estou cansado porque trabalhei para Deus e para as pessoas. Agora, simplesmente aproveito a inatividade, desfruto do fato de simplesmente existir. Imagino que não estou apenas deitado na cama, mas que as boas mãos de Deus me carregam. Simplesmente me solto e caio nas mãos misericordiosas de Deus e desfruto de simplesmente poder estar aqui, sem ter que alcançar nem experimentar algo. Também não preciso ter uma experiência espiritual. Simplesmente estou aqui, descanso carregado pelas mãos de Deus. Isso basta.

Simplifique os relacionamentos

Quando convidamos os leitores a escrever textos sobre suas experiências, para muitos, o tema dos relacionamentos era muito importante. Aparentemente, muitos sofrem com relacionamentos complicados e anseiam por simplificá-los. Em muitos acompanhamentos, percebi cada vez mais o que dificulta os relacionamentos nos dias de hoje. Por exemplo: cada pessoa traz sua própria biografia para o relacionamento. Quando ela se sentia ignorada na infância, ela também acha que o parceiro, o chefe, não a veem. Quem não conseguiu atender às expectativas dos pais, reagirá de forma muito sensível a perguntas bem simples: "Nada do que faço satisfaz você. Nunca sou bom o bastante". O princípio mais importante para um relacionamento bem-sucedido é, portanto: entender em vez de avaliar. Eu não avalio a reação sensível de meu parceiro acusando-o de sempre ser tão sensível. Tento entender por que ele reage daquela forma. Quando deixamos de avaliar o comportamento um do outro, mas tentamos entendê-lo, nós entenderemos melhor também a nós mesmos.

E aprenderemos a nos assumir e a assumir o outro, a aceitar a nós mesmos e o outro do jeito que somos, sem definir o outro pelas imagens que tínhamos de nós mesmos e do outro. Mas, para mim, existem também outras maneiras de simplificar os relacionamentos. Uma maneira é simplesmente me entregar a esse relacionamento, sem segundas intenções. Muitos calculam quando estão em diferentes relacionamentos: Que ganho esse relacionamento me traz? Como o relacionamento com este ou aquele pode ser útil para mim? Pensamentos desse tipo objetificam os relacionamentos. Simplificar significa para mim: eu me entrego ao relacionamento, a essa pessoa, sem pensar na vantagem que isso me dá.

Outros complicam seus relacionamentos pensando constantemente no que a outra pessoa pode pensar deles, como ela os avalia e julga. Quando me preocupo com o que a outra pessoa pode pensar de mim, não estou realmente me envolvendo com ela. Estou preso em mim mesmo. Estou preocupado apenas em causar uma boa impressão ou em não fazer papel de bobo. O relacionamento só será bom se ele não tiver um propósito, se eu não tiver segundas intenções, mas simplesmente me envolver com a outra pessoa sem julgá-la e sem julgar a mim mesmo. Eu simplesmente vejo como o encontro com a outra pessoa se desenrola. Estou aberto ao mistério da outra pessoa. Depois do encontro, posso ouvir meus sentimentos: como me sinto após o encontro? Meu sentimento me diz que eu gostaria de encontrar essa pessoa com mais frequência e que gostaria de construir um bom relacionamento com ela? Ou meu instinto me diz que devo evitar essa pessoa? Meu instinto não julga a outra pessoa. Ele permite que a outra pessoa seja quem ela é. Mas meus sentimentos me dizem em quais relacionamentos devo me envolver a longo prazo e em quais devo manter uma distância saudável.

Para mim, outra maneira de simplificar os relacionamentos é ver a outra pessoa como um espelho meu. Quando a outra pessoa me irrita, devo me olhar no espelho. Talvez a outra pessoa me faça lembrar de algo que me incomoda em mim mesmo. Hermann Hesse disse certa vez: "O que não está em nós não nos incomoda". Se vermos uns aos outros como um espelho, cada relacionamento nos levará a um autoconhecimento mais profundo. E se formos capazes de nos aceitar do jeito que nos vemos no espelho do outro, nós relaxamos e tratamos a nós mesmos e o outro de forma mais gentil.

Em seu livro *Die Kunst einfach zu leben* [A arte de viver com simplicidade], o monge japonês Bankei cita maneiras pelas quais posso lidar melhor com os outros, incluindo as seguintes: ouça apropriadamente – e você realmente entenderá. Aproxime-se dos outros e eles se abrirão para você. Transmita conhecimento – isso o ajudará a progredir. Seja um bom amigo e você terá bons amigos. Faça o que você diz – isso gera confiança. Aceite várias soluções – e você alcançará seu objetivo mais rapidamente. Não julgue os outros – descubra a singularidade deles. Seja educado – isso abrirá portas... Essas são maneiras muito simples: relacionar-se com os outros, não levar tudo para o lado pessoal, ser capaz de se libertar, não se fixar em seus próprios pontos de vista – tudo isso abre espaços e pontos de acesso e nos aproxima do outro.

* * *

Espaço para os outros – espaço para mim

Quando era jovem, eu era obcecada com o desejo de sempre ser perfeita, de sempre ser melhor. Eu conseguia me separar das pessoas e me afastar delas se não concordassem com minhas intenções ou não compartilhassem de minhas metas. Minha vida naquela época era complicada, não era feliz. Eu tinha um caráter forte, era intolerante e inflexível. Eu exigia das pessoas ao meu redor o mesmo que exigia de mim mesma. Eu me cercava de pessoas que pensavam como eu: até conhecer pessoas que eu amava muito, mas que eram completamente diferentes de mim. Foi então que percebi que não poderia continuar nesse caminho.

Respeito e tolerância, uma mudança de perspectiva – foi isso que aprendi com os colegas. Como resultado, a vida no trabalho se tornou muito mais agradável. Não demorou, e percebi que isso não se aplicava apenas ao meu trabalho, mas que era a maneira ideal de conviver com todos, mas principalmente com as pessoas mais próximas de mim, com minha própria família, com a qual eu tinha um relacionamento infeliz, caracterizado por raiva excessiva devido à minha natureza exigente. Eu não podia exigir de ninguém o que exigia de mim mesma. Portanto, tive de desistir disso. Também tive de transformar esses relacionamentos para alcançar calma, paz, tranquilidade, serenidade e consenso. À medida que me tornei mais tolerante e respeitoso e aceitei os outros com todas as suas diferenças, minha própria vida deu uma guinada de 180°. Comecei a ser "eu mesma" e descobri como isso me fazia bem.

É claro que a vida é mais fácil, mais confortável e mais satisfatória quando você aceita a maneira e o estilo de vida dos outros, quando respeita a maneira como eles vivem – especialmente aqueles com quem você precisa conviver. Mas é claro que, como indivíduo, eu também quero e preciso de meu próprio espaço para pensar, sentir, escrever, ler, dormir – para ser eu mesma. A partir do momento em que passei a ser fiel a isso e a cuidar disso, tenho vivido em equilíbrio, com mais paz e tranquilidade.

(Pilar Bello-Sanchez)

Não insistir em estar certo

Os relacionamentos se tornam difíceis quando todos insistem em seu próprio ponto de vista e ninguém se adapta ao outro. Em momentos assim, decido: "Quero ter uma vida simples. Qual é a sensação de uma vida simples nesta situação? O que quero dizer agora, o que quero fazer para simplificar as coisas?" As ideias geralmente surgem imediatamente. Elas podem ser muito diferentes: pode ser uma visão clara da solução, um pedido de perdão. Ou posso usar o humor para mudar a situação. A situação muda de repente: o que parecia ser um impasse se abre e minha decisão consciente traz algo simples. Tudo se torna mais fácil.

(Linda Jarosch)

Anselm Grün: Minha irmã Linda Jarosch tem esta dica simples para lidar com pessoas que sua experiência lhe ensinou: talvez possamos simplificar uma conversa que, de repente, se tornou difícil se nos lembrarmos de nossa capacidade de rir. Então, experimentaremos isto: de repente, a insistência em estar certo se dissolve. A conversa adquire outra dimensão. Ela se torna mais fácil.

As três peneiras de Sócrates

Um dia alguém procurou Sócrates e estava muito animado: "Ei, Sócrates, você ouviu o que seu amigo fez? Preciso lhe contar agora".

"Espere um pouco", o sábio a interrompeu. "Você passou pelas três peneiras o que quer me contar?"

"Três peneiras?", perguntou o outro assustado.

"Sim, meu caro, três peneiras. Vamos ver se o que você tem a me dizer passa pelas três peneiras. A primeira peneira é a verdade. Você verificou se é verdade tudo o que quer me contar?"

"Não, eu ouvi isso em algum lugar e..."

"Entendo. Mas certamente você já fez o teste da segunda peneira. É a peneira da bondade. Se o que você quer me dizer não foi comprovado como verdadeiro, pelo menos é algo bom?"

O outro hesitou e disse: "Não, não é, pelo contrário..."

"Entendo", interrompeu Sócrates. "Então vamos usar a terceira peneira e perguntar se é necessário que você me diga o que o excita?"

"Não é necessário de forma alguma..."

"Bem", sorriu o sábio, "se o que você quer me dizer não é verdadeiro, nem bom, nem necessário, então deixe onde está e não se sobrecarregue nem a mim mesmo com isso!"

Eu uso as três peneiras quando preciso decidir se é o momento certo para o que quero dizer e se a outra pessoa está interessada – ou até se estou tentando me exibir.

Meu marido se aposentou há 20 dias atrás e, especialmente quando convivemos o dia todo, uma comunicação clara é importante para evitar mal-entendidos, para dizer o que você quer, mas também para ouvir o que ele planejou para hoje.

(Gerlinde Werner)

Sem reservas

Para mim, a vida fica mais simples se eu – especialmente em relação às pessoas – não tiver expectativas, se eu simplesmente permitir que outra pessoa seja e aceitá-la sem reservas, sem preconceitos e sem expectativas ou julgamentos. Assim, poderei ter um relacionamento bom e valioso com todos neste mundo.

(Birgit Rückschloss)

Uma bússola para a paz

Aqueles que vivem com simplicidade assumem responsabilidade por si mesmos e por aqueles que lhes foram confiados. Viver com simplicidade, especialmente quando isso também inclui "viver e deixar viver", acaba se tornando uma bússola que nos ajuda a alcançar mais paz e comunhão no Estado e na sociedade, bem como harmonia em nossas relações uns com os outros e com a natureza.

(Walter Kohl)

Anselm Grün: Walter Kohl escreveu com toda razão que a vida simples que levamos tem um impacto na sociedade. Sempre estamos conectados a outras pessoas em tudo que fazemos. Os primeiros monges acreditavam que, se permitirmos que a escuridão dentro de nós seja iluminada pela luz de Jesus, nosso ambiente também se tornará mais claro. Quando superamos nosso ressentimento e nossa amargura, também prestamos um serviço à sociedade. Pois assim protegemos a sociedade de nossas emoções negativas. A atitude com a qual começo o dia pela manhã e os sentimentos com os quais vou para o trabalho impactam não só as pessoas que encontro hoje, mas também a sociedade. Nós também moldamos nosso ambiente com nosso estilo de vida. É por isso que não faz sentido acusar os outros. Em vez disso, cabe a nós começarmos por nós mesmos e vivermos de maneira mais simples, mais clara e mais suave. Isso também faz bem às outras pessoas.

Assumir responsabilidade

Para mim, a busca pela leveza da vida tem a ver com a responsabilidade que assumo. Mesmo que eu ainda veja todos como corresponsáveis num sentido amplo por tudo o que acontece no mundo, há um ponto crucial em que eu posso e quero intervir para não permitir que a visão do peso da vida leve a melhor. Intervir somente quando algo me toca espontaneamente, quando tenho capacidade (tempo, dinheiro, ideias) e, ao mesmo tempo, nutrir a esperança de que os outros façam o mesmo em sua área de responsabilidade, isso me alivia.

(Mechthild Finster)

No espírito do amor

Seria um presente para todos: que as pessoas com biografias difíceis e as pessoas "à margem" da sociedade – os doentes mentais, os sem-teto, os ex-prisioneiros ou os refugiados – também sejam tratadas com um espírito de amor, assim como Joachim Wanke descreveu as sete obras da misericórdia em termos concretos: dizer a uma pessoa: "Você faz parte. Eu o ouço. Eu falo bem de você. Eu caminharei com você. Eu compartilho com você. Eu o visitarei. Eu oro por você". Seria tão simples.

(Karl Rottenschlager)

Mãos cheias

Ele está sentado em uma rua comercial movimentada... um "homem da rua", com um boné vermelho vistoso sobre o rosto coberto de barba, pronto para sorrir. À sua frente há sete pequenos copos de papel com uma palavra escrita em cada um: Pensão – Comida – Bebida – Drogas – Bagunça – Coca – Pizza.

Ele quer... simplesmente viver...

Eu faço uma doação para seus remédios. Nós rimos... eu... tive sorte.

O que estaria escrito em minhas caixas de papelão? Na rua molhada de Colônia, estes versos me vêm à mente:

Saída e entrada,
começo e fim
estão com você, Deus,
enche minhas mãos.

(Bärbel Wartenberg-Potter)

Assim começa a transformação do mundo

Todas as revoluções começam na mesa de alguma cozinha. As pessoas começam a falar e a orar de forma diferente, a cantar e a fazer compras, a rir e a agradecer. E, de repente, muitas pessoas fazem o mesmo, e isso transforma o mundo. Quando vivemos de forma mais simples temos que trabalhar menos e temos mais tempo para os outros e para as coisas essenciais: sorrir e orar, cantar e cultivar relacionamentos, pensar e ouvir com o coração, falar e ajudar ativamente onde a ajuda é necessária.

(Sylvia Wetzel)

Mudar a perspectiva

Como a terceira de quatro filhos, assumi muita responsabilidade por mim e por minha irmã mais nova desde cedo. Mas agora que meus pais estão envelhecendo, também tenho que cuidar deles. Matematicamente, seria fácil dizer: somos quatro filhos, então cada um de nós assume um quarto. Em vez disso, sinto que preciso assumir três quartos porque dois irmãos se afastaram. Para facilitar minha vida ao lidar com doenças e cuidados cada vez maiores, mudo minha perspectiva quando as situações se tornam estressantes para mim. Em vez de me sentir forçada a assumir o papel de cuidadora ou mediadora única, paro um momento para me perguntar o seguinte:

Por que ele/ela está dizendo isso e o que isso faz comigo? O que pode mudar? Onde posso conseguir ajuda? O que eu quero e o que não quero?

Esse diálogo interno comigo mesmo me ajuda a sair da minha perspectiva de impotência e sobrecarga e a ver que há maneiras de compartilhar o fardo do cuidado. Na minha cabeça, eu me culpo por tudo, mas isso é só na minha cabeça. Isso ajuda a mudar minha perspectiva e dar um passo para trás internamente. Isso me dá espaço para me soltar e abre a oportunidade para que outras pessoas também se tornem ativas. "Não são as coisas em si que nos movem, mas as visões que temos delas" (Epiteto, *Manual da moral*).

(Sophia Vallbracht)

Um simples sorriso

A vida se torna mais simples quando você sorri para as pessoas – sem motivo. Isso pode ser o início de uma conversa. E quando digo que isso me fez bem, muitas vezes recebo a resposta de que meu sorriso foi o responsável por isso.

No dia a dia, não levar certas situações tão a sério também simplifica a vida. Se eu apoiar as pessoas e conseguir confortá-las, isso não é apenas um presente que dou. Algo também volta para mim.

(Eva-Maria Miertschink)

Sem redução

Os seres humanos não são zero, nem um, tampouco são quantificáveis. Tudo isso me parece ser um ataque contra o ser humano. Eu enfrento essa redução a um denominador comum global, que é simplesmente ditado pelo meu "cristianismo budista": Por exemplo, um gesto mínimo, mesmo com estranhos, um aceno amigável com a cabeça, uma pequena reverência na forma de Namasté ou El Shaddai, uma saudação e bênção. Essa é a gentileza que eu trago para meu dia a dia: um sinal de um Cristo vivo que se sacrificou pela humanidade. Para mim, porém, isso também significa preservar os valores humanos e uma cultura de convivência harmoniosa, em outras palavras, a paz. Essa prática, mesmo quando não é revidada, sempre me dá uma confirmação interior de que estou no caminho certo e de que estou fazendo minha contribuição para uma convivência que, infelizmente, muitas vezes, é disfuncional hoje em dia por meio de uma atitude amigável.

Essas práticas cotidianas são minhas pegadas que deixo nas areias do tempo. Mas elas são concretas e duradouras. Um legado meramente digital termina – como meu pai costumava dizer – no fim do plugue de energia do computador.

(André Holfeltz)

Uma sabedoria de minha mãe

O que ajuda? Ser honesto. Sem mentiras. Sempre fiz as coisas dessa maneira. Sou preguiçosa demais para mentir. Porque somente a verdade perdura. Além disso: "Ajuda olhar para o que tem. E não para o que você não tem". Isso é o que minha mãe costumava dizer. Também é importante e útil: procure os erros em você primeiro. E só depois na outra pessoa.

(Helene Pawlowski)

Anselm Grün: É bom confiar nas palavras dos pais. Em muitas contribuições, os leitores falam de uma palavra do pai ou da mãe. Quando éramos jovens, muitas vezes, zombávamos de algumas coisas que nossos pais diziam: você de novo com sua explicação tão simples para a vida. Mas quanto mais velhos ficamos, mais percebemos quanta sabedoria há nas frases, às vezes estereotipadas, de nossos pais. Eles deram conta da vida com esses princípios. E muitas vezes o fizeram muito bem. Portanto, podemos adotar a sabedoria de nossos pais. E passaremos pela vida com mais simplicidade por causa de suas palavras simples.

Confiança. E paciência

Meus dois filhos adultos, filho e filha, são muito diferentes um do outro em todos os aspectos, e nossas reuniões de família sempre traziam um alto potencial de conflito. Eu achava que poderia tomar medidas para amenizar a situação com antecedência, mas isso era sempre muito cansativo e, no fim, costumava falhar. Assim, eu me retirava quando a discussão ficava muito acalorada. Eu não os ouvia mais nem os apaziguava, mas sempre os instruía a olhar para seus respectivos "lados opostos". Afinal de contas, eles são adultos. Mesmo assim, era um verdadeiro teste para mim, pois amo os dois.

Agora eles voltaram a se falar, depois de seis meses de silêncio. A confiança é um elemento essencial do amor. Mas a paciência e a perseverança também o são. Reconhecer isso tornou tudo mais simples para todos os envolvidos.

(Edith Hutter)

Transformar separação em conexão

Continuar entrando em contato com pessoas que não estão na minha lista de amigos, pessoas que eu costumo julgar, pessoas de quem não gosto. Porque essa é a única maneira de me conhecer melhor. Sempre me dou conta de que o que me incomoda na outra pessoa está, na verdade, dentro de mim. É algo que julgo em mim mesma. Ao "entrar em contato", libero minhas partes sombrias. É um pouco difícil expressar isso em palavras: minha resistência provocaria a separação, mas meu coração permanece em conexão. No entanto, a resistência tem um bom motivo de existir, portanto, dou a ela o espaço que ela precisa. Isso geralmente passa rapidamente e a sensação de separação se transforma em conexão. Ao tentar praticar isso, minha vida se tornou mais simples, muito mais fácil, mais pacífica e mais viva.

(Heike Wartmann)

Definitivamente: amigos

Definitivamente, é importante ter bons amigos! Com amigos é mais fácil entender a vida, rir dela, vivê-la...

Outra coisa muito boa é música! Mas isso já é outro tema.

(Anne Puhr)

Outro ponto de vista

Tenho um conselheiro espiritual há quase dois anos. O caminho que preciso percorrer até esse encontro pessoal é longo, mas conversar com esse companheiro torna as coisas mais fáceis para mim porque ele tem uma perspectiva diferente sobre algumas coisas. E isso me faz bem.

(Isolde Fritsch)

A palavra mágica: aceitação

Desde que descobri a palavra mágica "aceitação" para mim mesma e, acima de tudo, desde que a entendi, muitas coisas ficaram muito mais simples para mim. Perdoar tornava as coisas tão difíceis para mim! Mas aceitar o que aconteceu é algo com que consigo lidar bem. Na época, não sabíamos fazer de outro jeito!

(Margot Saringer)

RITUAL

Encontrar o centro

Sente-se em uma posição confortável, feche os olhos e tente ficar totalmente em paz consigo mesmo, permanecer totalmente em seu centro. Então imagine: estou em perfeita harmonia comigo mesmo, estou comigo, sem a pressão de ter que provar algo a outra pessoa. E agora imagine: um homem ou uma mulher vem conversar comigo. Como eu conversaria com essa pessoa se eu estivesse livre de qualquer pressão de ter que provar algo, de ter que fingir ser algo, de ter que deixar uma boa impressão. Eu simplesmente me entrego à conversa sem querer algo. Essa pessoa me deixa curioso, quero conhecê-la, mas sem segundas intenções, sem querer alcançar nenhum objetivo, sem querer deixar uma boa impressão nela. Simplesmente permaneço no presente, eu me abro para a pessoa sem perder meu centro. Como essa conversa, esse encontro se desenvolveria?

Estar em harmonia

Não dê tanto poder às pessoas que o machucam. Faça primeiro algo que faz bem a você. Seu bem-estar não depende exclusivamente dos outros. Você é responsável pela sua paz interior. Sente-se sozinho na frente de uma vela. Perceba, sinta e ouça seu anseio. E imagine: em meu anseio por amor o amor já está presente. E em meu anseio por paz a paz já está em meu coração. Volte-se para dentro. Lá, você encontra tudo. É claro que seria maravilhoso se o mundo externo também fosse mais agradável. Mas quando você encontra a paz interior, a situação externa opressora também perde seu poder. Talvez, em algum momento, o outro também fique curioso quando perceber que você consegue ficar bem sem ele.

Abra a mão e solte: fique mais leve

Para muitos, "abrir mão de algo" evoca associações negativas. Entretanto, já Sigmund Freud sabia que aquele que não consegue renunciar, nunca desenvolverá um ego forte. Abrir mão significa recusar-se conscientemente a uma necessidade que sinto ou a um desejo que tenho. Sinto-me livre a decidir que necessidade eu quero satisfazer. Uma pessoa que cede imediatamente a qualquer desejo é dominada por seus desejos.

Antes de decidir se devo abrir mão de algo ou se devo me presentear com isso, eu me pergunto: Eu realmente preciso disso? Só preciso disso hoje ou precisarei disso também no futuro? Comprar isso ou comer aquilo me faz bem? Ou acho que seria melhor se eu abrisse mão disso? Quando olhamos para nossas casas percebemos que temos muitas coisas desnecessárias nelas, que entulham nossos quartos e, muitas vezes, nos deixam sem espaço para respirar. Portanto, é bom fazer uma boa faxina de tempos em tempos e descartar ou doar algumas das coisas de que não precisamos. Isso nos libera e nos dá a sensação de que temos mais espaço para respirar.

Muitas pessoas que fazem caminhadas longas percebem que uma mochila muito pesada dificulta a caminhada. Portanto, antes de partir, elas refletem sobre o que realmente precisam. E percebem que não é tão fácil abrir mão de algo. Elas pensam: talvez a temperatura caia, então precisarei de roupas quentes. Talvez chova, portanto, precisarei de uma muda de roupas. Mas assim a mochila só vai ficando cada vez mais cheia e mais pesada. Portanto, é necessário abrir mão de algumas coisas para deixar a mochila e a caminhada mais leves. Nossas reflexões sobre a caminhada também podem nos ajudar no dia a dia: Realmente precisamos disso ou daquilo? A vida não se tornaria mais simples e mais leve se desistisse disso ou daquilo?

Em geral, não nos ajuda muito quando alguém nos pede que renunciemos a algo. Percebemos isso como uma exigência moral. É melhor sentir por si mesmo o que você precisa e como você se sente quando abre mão disso ou daquilo. Se eu tiver a sensação de que abrir mão de algo facilitará minha vida, devo seguir essa sensação. Assim, eu me sentirei mais livre e em harmonia comigo mesmo ao desistir de meu desejo.

Muitas pessoas associam a palavra "desistir" a alimentos. Esse é, sem dúvida, um importante campo de testes para a renúncia. Se não conseguimos parar de comer porque é saboroso demais, nós nos irritamos porque não conseguimos dormir com o estômago cheio ou porque nosso peso aumenta constantemente para além do nível desejado. Mas é claro que a questão é também o equilíbrio certo. Se a dieta me causa uma consciência pesada quando aproveito a comida boa em uma festa, não comer significa negar a vida. De acordo com Hildegard von Bingen, a renúncia é a arte de sempre ser capaz de se alegrar. Se eu me deliciar com um pedaço de bolo, levarei comigo a alegria de ter desfrutado de algo saboroso. Mas se eu não conseguir parar e continuar comendo mais, então é provável que não sobre muito prazer dessa experiência. Mas não existe apenas a abstinência voluntária. Às vezes sofremos uma perda involuntária. Somos privados da oportunidade de tirar as férias que estávamos esperando porque a empresa não permite ou porque um membro da família adoeceu. Tempestades, enchentes e incêndios destroem nossa casa e tudo o que amamos. Não é fácil lidar com essas perdas. O primeiro passo é lamentar a perda, permitir-se sentir a dor da perda. Mas depois é preciso transformar em renúncia a perda que foi imposta pelo mundo externo. Assim, não permanecerei no papel de vítima. É claro que isso geralmente leva muito tempo e nem sempre é bem-sucedido. Mas isso nos permite aceitar a perda sem ter de sofrer com ela pelo resto de nossa vida.

* * *

Nada supérfluo

Viver de forma simples significa viver de modo a não consumir o futuro de meus netos com meu comportamento. Viver com simplicidade significa libertar-se de todas as coisas supérfluas, porque "as coisas supérfluas tornam a vida supérflua" (Pasolini).

(Fulbert Steffensky)

Anselm Grün: Em sua ética da responsabilidade, o filósofo judeu Hans Jonas estabeleceu o princípio: "Aja de tal forma que os efeitos de suas ações sejam compatíveis com a permanência da vida humana na terra". Com essa frase, Hans Jonas descreve a base para "viver com simplicidade". Viver com simplicidade significa: viver de tal forma que meus descendentes consigam viver bem no nosso planeta.

O que o teólogo Fulbert Steffensky formula em poucas palavras é um resumo contundente dessa filosofia. Ele nos permite ter uma visão crítica do excesso que determina nossa vida.

Temos demais de tudo

Para mim, simplicidade significa clareza, singeleza, inequívoco, transparência. Temos muito ou até demais de tudo: muitos bens, muito dinheiro (mesmo que não sejamos ricos – em comparação com outras pessoas neste mundo, a maioria de nós é muito rica), muitas palavras, muitas possibilidades, muitas imagens de nós mesmos, dos outros e de Deus e de como a vida deveria ser. E, muitas vezes, temos medo de perder parte disso. Se conseguíssemos ter um pouco menos de tudo isso para nos tornarmos mais permeáveis para a própria vida, aqui e agora, e, portanto, também para aquele que nos dá essa vida e quer nos encontrar de novo a cada momento, é provável que conseguiríamos nos livrar desse medo e, portanto, nos tornaríamos mais vivos.

(Katharina Schridde)

Doar liberta

Sugiro "desentulhar" a casa e se livrar de muitas coisas das quais você realmente não precisa mais! Quando faz sol, eu coloco caixas de livros na calçada, e alguém sempre as leva antes do cair da noite! Ou quando faço o mesmo com louças ou coisas da cozinha, acontece a mesma coisa! Costumo doar roupas a instituições de caridade. Minha experiência é: quanto mais você doa, mais você se liberta!

(Elvira Paar)

Um "novo sabor"

Percebi pela primeira vez o que significa "viver com simplicidade" no dia a dia quando fiz a peregrinação até Santiago em etapas. Contentar-me com o que havia em minha mochila foi uma experiência nova e positiva para mim. Isso abriu meus olhos para a abundância em minha outra vida.

O destino dos refugiados e o trabalho com eles, bem como as preocupações com as mudanças climáticas, foram outros impulsos que me levaram a fazer mudanças em minha vida.

Nasci durante a guerra, passei minha infância no vilarejo e ainda me lembro da vida simples daquela época. Não nos sentíamos privados de nada naquela época.

O que mudou? Agora só compro coisas de que realmente preciso. Fico em frente ao meu guarda-roupa e me pergunto quando é que vou usar tudo isso, e sempre acabo levando as roupas que ainda estão em boas condições para alguma instituição de caridade sem substituí-las por novas. Faço compras de bicicleta na vizinhança, de preferência em fazendas orgânicas, e só às vezes uso o carro para fazer compras no supermercado. Sempre que possível, reuso o material de embalagem e me divirto quando consigo chegar em casa sem uma nova sacola plástica. Uso a eletricidade, o aquecimento e todos os recursos com mais parcimônia. Quero ser ecologicamente correta em tudo o que faço – dentro de minhas possibilidades. Prefiro fazer compras em minha vizinhança local. Isso me permite apoiar os pequenos varejistas. Mas isso também melhora cada vez mais a minha qualidade de vida, pois encontro muitas pessoas que conheço e esses contatos me fazem bem, que agora moro sozinha.

Evito viajar de avião o máximo possível. Entretanto, longos passeios de bicicleta já não são mais possíveis. Eu pratico natação regularmente em nossa piscina local e fico feliz quando ainda consigo fazer caminhadas nas montanhas em minhas férias na Suíça. Em vez de ir à academia, faço regularmente os exercícios necessários em casa com faixas elásticas.

Toda segunda-feira me encontro com algumas mulheres para caminhar e nos divertimos muito conversando.

(Christa Evermann)

Desligar

Existem muitas coisas: nunca tive uma televisão, por exemplo. Só recebo o jornal diário no fim de semana, impresso em papel. Mas é provável que em breve eu desista completamente disso também. Também não tenho Facebook, nem Instagram nem aplicativos do tipo. Não uso e-mail nem WhatsApp quando estou de férias. Meu celular geralmente fica desligado. Eu me concentro no que me faz bem.

Para mim, o princípio da vida é: "Menos é mais".

(Nicole Samira Staub)

Evitar o que não faz bem

Atualmente, tento evitar grandes reuniões de pessoas e eventos. A atmosfera agressiva que existe nesses locais não me faz bem. Consumo o mínimo de notícias, evito principalmente as que induzem ao pânico, e obtenho minhas informações de fontes confirmadas, raramente da internet, por causa do excesso de *fake news.*

Apaguei algumas coisas do meu vocabulário: "ter que", por exemplo, ou: "Mas todo mundo faz isso..." Assim como "rápido", "corra". Tornou-se ainda mais importante passar muito tempo na natureza, fazendo caminhadas na floresta.

Dessa forma, consigo conviver bem com minha paz (interior).

(Siegrid Rogge)

Anselm Grün: Hoje em dia, o ascetismo moderno, uma forma de renúncia consciente, inclui também uma restrição do fluxo de informações. Não precisamos ser informados sobre tudo, em todos os lugares e o tempo todo. Justamente pelo fato de a maioria das notícias falar de coisas terríveis e, muitas vezes, ser barulhenta e agressiva, não suportamos tanta informação negativa. É claro que não devemos fechar os olhos para a realidade do mundo. Mas aqueles cujos pensamentos sempre giram em torno de todas as coisas problemáticas desta terra se paralisam, e nada de bom pode resultar disso. Precisamos do ascetismo de renunciar às informações para podermos fazer nossa contribuição para um mundo melhor.

Vender a casa e ganhar tempo

Minha vida ficou mais simples quando vendi minha casa! Ela veio um pouco mais cedo do que o esperado e planejado. Tive que aprender a abrir mão, pois um apartamento de três quartos não comporta mais todos os bens materiais que acumulei ao longo de 28 anos! Completarei 64 anos em setembro. E, hoje, sempre digo a mim mesma: "Que minha graça lhe baste, Mônica". O que eu ganhei foi tempo. Agora tenho tempo para leituras significativas, tempo para visitar meus amigos mais velhos e minha mãe.

(Monica Raimondi)

Uma decisão fundamental

Tomei a decisão de usar apenas um estilo específico em relação às minhas roupas – tomei uma decisão fundamental, por assim dizer. Isso me ajuda na hora de escolher na loja e todas as manhãs em frente ao guarda-roupa. Isso simplifica a escolha.

(Anette Christoffel)

Forçada a ser feliz

Eu me mudei de uma grande casa compartilhada, não de forma totalmente voluntária (por assim dizer, fui forçada a ser feliz) e, desde então, vivo num apartamento de 50 metros quadrados muito bem-organizados e num único andar: grande o suficiente para uma pessoa, pequeno o suficiente para "possuir" relativamente poucas coisas e, portanto, apenas coisas úteis. Manter as coisas arrumadas é fácil: há um único cômodo para quase tudo e nenhuma porta atrás da qual você pode guardar coisas por anos sem jamais usá-las novamente. Não há porão, nem sótão, nem depósito. Meu lema: mais ser do que ter. É tão simples assim.

(Daniela Menzel)

A fome como amiga

Quando bebê, quase morri de fome durante a fuga, de acordo com as lembranças de minha mãe. Até hoje, ainda acho difícil saber quando parar de comer e sempre como demais. Quase nunca sinto fome e gosto de fazer lanches entre as refeições. No entanto, continuo tentando ser atencioso ao comer, mesmo que seja difícil. Quando me lembrei da minha infância, percebi algo e escrevi em meu diário: "A fome não é mais uma inimiga contra a qual você precisa lutar comendo ou fazendo lanches. Entenda a fome como amiga e companheira de vida. Conheça-a e ame-a: ela o lembra das necessidades da vida – pode ser um pequeno sinal de solidariedade para com as pessoas que sofrem com fome verdadeira e é um sinal de seu grande e insaciável anseio!"

(Wolfgang Lenk)

Doar coisas

Nós (uma família com três filhos) vendemos nosso carro. Isso não apenas nos permitiu planejar melhor nossas viagens, mas também permitiu que definíssemos melhor nossas prioridades. Vender o carro também nos ajudou a economizar tempo – não precisamos mais abastecer, lavar, trocar pneus, levar ao mecânico, todas essas coisas irritantes. E outras coisas também: quando a estante fica cheia, alguns dos livros vão para o sebo. E, em geral, doamos coisas que não precisamos mais para que outra pessoa possa usá-las.

O que ajuda: pelo menos uma vez por ano, minha esposa e eu fazemos um retiro. Retiramo-nos do dia a dia, tiramos um tempo para nós mesmos, voltamos para nós mesmos – isso permite orientação e foco, ou seja, mostra o que realmente importa.

(Joachim Budweg)

Não viva duas vezes

O mais "simples" é viver em harmonia consigo mesmo. Para tanto, você precisa ser modesto, estar satisfeito consigo mesmo e não se empenhar constantemente em novas atividades e na aquisição de novas coisas apenas para fugir de si mesmo. Aqueles que fogem de si mesmos se dividem: naquele que foge e naquele que fica para trás. Assim, você deixa de ser simples e passa a ser duplo. Mas não é fácil viver com simplicidade, contentar-se, porque aparentemente o desejo de fazer o que outros fazem está arraigado nas pessoas.

(Michael Grün)

Anselm Grün: Meu irmão se refere a um vício generalizado que todos nós conhecemos. Muitas vezes, não desejamos o que precisamos ou com o que sonhamos. Permitimos que os desejos dos outros se imponham a nós. Nós nos comparamos com os outros. E porque outra pessoa fica falando sobre o que acabou de comprar ou sobre suas férias em um país distante, achamos que deveríamos comprar a mesma coisa e nos dar ao luxo de fazer as mesmas férias. Permitimos que os outros nos imponham o que não precisamos e o que não vem de nosso próprio coração. Só acreditamos desejar esse artigo, esse hotel, essa viagem porque os outros falam bem disso. Os outros despertam nossas necessidades. Assim, deixamos de viver em harmonia conosco mesmos e permitimos que sejamos determinados pelos outros. Isso não nos faz bem.

Frugalidade compartilhada

Para mim, a convicção de que a simplicidade enriquece a vida está ligada às palavras de Jesus: "Que aproveita ao homem ganhar o mundo inteiro, se perder a sua vida?" Não precisamos consumir o tempo todo, nem dos produtos mais modernos. Trata-se de viver bem em vez de ter muito.

Viver com simplicidade não significa simplesmente perguntar: O que basta para mim? Em termos muito práticos, significa também compartilhar. A capacidade de compartilhar é primordial, assim como a capacidade de querer ter algo. A palavra-chave para o futuro é: frugalidade compartilhada – viver de forma mais simples para que outros também possam viver. Minha experiência é: o sofrimento compartilhado e a alegria compartilhada melhoram a qualidade de nossa vida. Em geral: para mim, o cristianismo é compartilhamento e devoção. A Eucaristia está vinculada à capacidade de compartilhar em um sentido muito prático e material. A Eucaristia é o compartilhamento do pão e do vinho e, para Jesus, é também a expressão simbólico-sacramental de sua devoção.

(Martin Maier)

Juntos. Vida em abundância

Jesus diz que devemos ter "vida em abundância". Deus quer uma vida boa e satisfatória para todas as pessoas, e nós podemos ajudar a tornar isso uma realidade em nosso planeta.

Tenho a sorte de morar em um bairro pobre. No início, eu era uma estranha, mas, aos poucos, o bairro se transformou em uma vizinhança e pude desfrutar da confiança das pessoas. Ao mesmo tempo, porém, fico feliz com os muitos amigos que nos visitam, vindos de partes "melhores" da cidade e de outros países, e que, muitas vezes, compartilham vários dias e semanas de vida simples conosco. Por exemplo, duas comunidades de jovens voluntários alemães passam um ano em nosso bairro. Quando eles vão embora, eles costumam dizer: "Agora vou me contentar com menos". Ainda anos depois, alguns deles me contam como a visão de sua vida mudou. Pois "viver com simplicidade" conscientemente incentiva o compartilhamento, a alegria da comunidade, um sentimento de conexão e a resistência a inveja, ódio, ciúme e competição, fortalece a união ao compartilhar o sofrimento e a dor e ajuda superar os medos juntos...

(Irmã Karoline Mayer)

Chega de coisas insignificantes

Tive que sair da casa que dividíamos porque não conseguia mais suportar a bagunça – meu marido tem a "síndrome de acumulador". Então, tive que me limitar – vivo agora em uma casa pequena com uma renda baixa – ao essencial. Doei os itens excessivos e também permito que as pessoas me deem presentes, como roupas, por exemplo. Renuncio ao orgulho de ter que ganhar tudo sozinha. Visito os filhos quando há promoções e compartilho meu carro com um amigo. Em troca, recebo comunidade. Gosto de pensar em como os processos, hábitos, modos de viver poderiam funcionar de forma diferente. Mas também adoro tradições testadas e comprovadas, no sentido de que a roda não precisa ser reinventada. Também é importante pensar em como posso me expressar de forma simples e clara.

Sou uma pessoa empática, mas não faço meus os problemas de outras pessoas. Portanto: respeite seus próprios limites e os dos outros.

Um pequeno lema meu é: "Não sou responsável por coisas insignificantes".

(Magdalena Heinrich)

Viajar com pouca bagagem

Há muitos anos, gosto de viajar a pé por vários dias e semanas, em trilhas de longa distância nas montanhas ou etapas do Caminho de Santiago. Não uso nenhum serviço de transporte de bagagem, ou seja, carrego tudo o que preciso durante esse tempo em minha mochila. Já me tornei tão minimalista que a mochila só chega a pesar no máximo 8 quilos, incluindo lanches e água. Quando você é obrigado a levar tudo consigo, você reduz a bagagem ao essencial: uma muda de roupa, capa de chuva, chapéu de sol, *kit* pequeno de cosméticos, *kit* de primeiros socorros e itens pequenos, como canivete, glicose, alfinetes de segurança e lanterna. Isso basta. É o suficiente para me deixar feliz.

Em casa, evidentemente, aproveito meu guarda-roupa completo, minha estante de livros e da minha coleção de CDs. Mas sei que nada disso é crucial para saber se minha vida está indo bem, se estou feliz. Viajar a pé com pouca bagagem, muito leve, me deixa mais relaxada e, sim, mais livre quando olho para meus bens, minha casa e minhas condições de vida. Isso me torna mais consciente do que realmente preciso.

(Elisabeth Weissenhorn-Höfle)

Estabelecer limites

Durante muito tempo, achei difícil estabelecer limites saudáveis. Recentemente, tive de lidar mais uma vez com uma pessoa que, no passado, havia sido muito importante para mim. Por um breve momento, pareceu-me extremamente atraente aproximar-me dela novamente. Mas então hesitei. Lembrei-me conscientemente – mesmo que fosse doloroso – dos motivos que tinham me levado a me distanciar dela. Fiquei de luto interior por alguns dias. Mas agora estou feliz por não ter cedido à tentação. Soltar é bom. Tudo está bem – do jeito que está.

(Heike Wartmann)

Dizer não

Simplicidade significa pensar no que não quero mais. Significa irritar-me menos. Pois irritar-se só faz sentido se eu puder mudar a situação. Caso contrário, deixo para lá.

Simplicidade também significa honestidade na agenda. Menos costuma ser mais honesto e melhor. Quando sou convidada para algo e percebo que não estou com vontade de ir e sei que não me sentirei confortável lá, é muito mais significativo não aceitar o convite e recusá-lo com antecedência. Certamente será melhor e mais agradável para os outros se eu não estiver presente – afinal de contas, geralmente o que fazemos se baseia em reciprocidade.

(Katharina von Burg)

Redução educa os sentidos

A essência se torna visível na raridade. O aspargo é percebido como algo especial porque só está disponível em quantidades limitadas em determinada época. Aqueles que jejuam experimentam o prazer do sabor de uma nova maneira. Aqueles que praticam a abstinência também são capazes de sentir o prazer com mais intensidade. Portanto, o treinamento sensorial não é direcionado contra o corpo, ao contrário, ele serve para concentrar a atenção na qualidade da experiência sensual. Nas culturas asiáticas, a ideia é que o espiritual não é um oposto ao físico, mas sim seu florescimento. Isso se expressa perfeitamente na imagem da flor do lótus. O lótus só se desenvolve na lama e, ainda assim, é um símbolo da espiritualidade. Seu caule cresce um metro acima da superfície da água, onde sua flor impecável se desenvolve. O Buda se senta nela. Simplicidade, qualidade, essa é a flor da evolução.

(Michael von Brück)

Sempre novo

Simplesmente me permito ser, esse é o credo primordial do traço judaico-cristão. "Você é abençoado!" Acima de tudo, faça. Em termos concretos, isso significa consumir menos. Estabeleça prioridades. Encontre uma maneira diferente de lidar com o tempo, desacelere, dê tempo a si mesmo, você não precisa mais participar de todas as festas, saboreie mais as pequenas coisas, deixe de sempre precisar algo novo de uma hora para a outra, viva o contentamento e a gratidão. Nosso tempo sugere o oposto: a busca por algo novo e cada vez mais – é um padrão altamente viciante. É por isso que precisamos de momentos em que possamos visualizar os elementos essenciais e praticá-los novamente. Sinto que o desejo por isso está crescendo, mais entre as mulheres, por sinal. No caso dos homens, eles precisam passar por um sofrimento enorme para que sigam nessa direção.

(Pierre Stutz)

Ritual

Entre expirar e inspirar

O ego sempre quer algo, quer alcançar algo, quer possuir algo. Uma boa maneira de se livrar do ego e de sua ganância é respirar. Graf Dürckheim costumava dizer que o momento mais importante da respiração é o momento entre expirar e inspirar. Muitas pessoas tentam controlar a expiração com precisão para que possam inspirar ativamente. Mas entre a expiração e a inspiração há um momento em que não há nada. Esse é o momento em que deixamos tudo de lado, em que abandonamos nosso ego. Assim, não inspiramos ativamente, mas deixamos a inspiração vir por si mesma. Dürckheim sempre dizia que esse momento tem a ver com vida e morte: morremos, por assim dizer, para permitir que uma nova vida entre em nós. Tente concentrar-se totalmente em sua respiração e preste atenção especial nesse momento entre expiração e inspiração, quando não acontece nada. Nesse exato momento, abandone seu ego e, com o ego, abandone tudo o que deseja ter e alcançar. Então você experimentará a verdadeira liberdade interior.

Soltar e esvaziar

Estenda suas mãos vazias para Deus no formato de uma tigela. Sinta-se nessas mãos vazias. Você não tem nada a oferecer a Deus, apenas seu próprio vazio. Permita que esse vazio exista. Você não precisa sentir nada nesse gesto. Mas talvez você perceba que você e seu vazio estão nas boas mãos de Deus, que as mãos de Deus estão carregando você. Tudo o que você precisa fazer é deixar-se cair nessas mãos delicadas de Deus. Entregue-se à misericórdia de Deus. Talvez então, em meio ao seu vazio, você sinta uma profunda paz interior e liberdade da pressão de ter que sentir algo, de ter que oferecer algo.

Cultive a gratidão, contente-se

Hoje em dia, encontramos muitas pessoas ingratas. Elas não sabem agradecer quando o maquinista do trem passa informações sobre a viagem ou quando o vendedor da loja as ajuda a encontrar os produtos que desejam. Muitas pessoas têm uma postura de altas expectativas. Tenho direito a tudo o que quero. Perdemos o senso de que devemos nossa vida a Deus e que devemos gratidão a muitas pessoas: ao fazendeiro que nos fornece alimentos saudáveis, à loja que mantém em estoque tudo o que precisamos, os muitos funcionários públicos da prefeitura e do governo que nos ajudam a administrar nossa vida, os médicos e enfermeiros que cuidam de nossa saúde. O motivo dessa atitude de expectativa e exigência é, muitas vezes, a insatisfação com nós mesmos e com o mundo. Temos a sensação de que estamos aquém do esperado e, portanto, nos concentramos apenas em nossas próprias necessidades. A gratidão nos liberta de nos concentrarmos em nós mesmos. Ela abre nossos olhos para as pessoas a quem devemos nossa vida. E ela nos conecta com muitas pessoas.

A gratidão faz com que as pessoas se sintam bem. A palavra alemã "danken" [agradecer] vem de "denken" [pensar]. Somente aqueles que pensam conseguem ser gratos. Raymond Saint-Jean chama a gratidão de "a memória do coração". As pessoas gratas pensam com o coração. Elas sabem e percebem o que recebem todos os dias. A pessoa ingrata não pensa, mas esquece o que recebe todos os dias. É por isso que o filósofo romano Cícero descreveu a ingratidão como esquecimento. Eu me esqueço daquilo que Deus já me deu em minha vida. E me esqueço do que Ele me dá todos os dias por meio de sua palavra, das pessoas que conheço e das dádivas da criação. Pessoas gratas refletem sobre sua vida e refeltem sobre Deus e o mundo da maneira correta.

A filosofia estoica descreve a gratidão como a característica humana mais importante. Somente pessoas gratas conseguem construir amizades e viver juntas em comunidade. Pessoas ingratas são pessoas desagradáveis. Você preferiria não ter nada a ver com elas. Você se sente desconfortável perto delas. Tem a sensação de que nunca conseguirá satisfazê-las. Portanto, você fica longe delas. Porque delas emana um humor negativo e destrutivo.

A gratidão transforma a pessoa em um verdadeiro ser humano. E a gratidão é um remédio contra pensamentos e sentimentos destrutivos e depressivos. Foi essa a experiência de Albert Schweitzer quando deu o seguinte conselho: "Se você se sentir fraco, débil e infeliz, comece a agradecer para que as coisas melhorem para você". Quando me abro para a gratidão, sempre encontro motivos suficientes para ser grato. Sou grato por um bom encontro com um amigo, pelo olhar amigável do vendedor na loja, pelo sol que ilumina o céu hoje. Sou grato por minha família, por meus amigos, por minha vida e por todos que me acompanharam em minha vida. A gratidão transforma meu humor. Se eu olhar para minha vida com gratidão, a escuridão se tornará mais clara e o sabor da amargura será mais doce. A gratidão me protege da pusilanimidade e da amargura e me aproxima de Deus. E adquiro serenidade e alegria de viver. Podemos ouvir algo dessa alegria de viver bem-humorada na oração vespertina de São Felipe Neri: "Senhor, eu te agradeço porque hoje as coisas não aconteceram como eu queria, mas como tu querias". Aqueles que olham para o dia anterior com essa atitude de gratidão não se irritam, para eles tudo se torna uma fonte de alegria e paz.

Gratidão não significa satisfazer-se com tudo. A gratidão transforma nossa visão e concentra o foco de nosso olhar naquilo pelo que podemos ser gratos. Mas ela não fecha nossos olhos para as dificuldades deste mundo nem para as coisas que nos afligem. Ela nos permite distinguir entre o que podemos mudar e o que nos é dado a cada dia. Na gratidão, tiramos os óculos escuros que só nos permitem ver tudo de forma negativa e colocamos os óculos da gratidão, que nos permitem reconhecer muitas coisas pelas quais podemos ser gratos.

* * *

Um milagre contagiante

Uma pessoa grata e feliz por poder encarar um novo dia logo pela manhã, mesmo que o tempo não esteja muito agradável, começará o dia de forma amigável, e sabemos como a simpatia é contagiosa. O sorriso de um completo desconhecido pode mudar todo o seu dia. Podemos mudar o mundo entrando na vida com alegria. A alegria nos torna mais vivos, mais fortes e nos conecta com os outros. A gratidão não é uma virtude secundária como a educação. Ela é mais elementar, é a chave para a alegria. Se simplesmente considerarmos tudo como garantido, então não haverá alegria. As pessoas que têm tudo o que precisam para ser felizes e não sentem gratidão por isso não são felizes. As pessoas que têm muito pouco que lhes dá alegria, mas são gratas pelo pouco que têm, têm muito mais alegria. Há culturas em que as pessoas não se alegram com o quanto têm, mas com o pouco que precisam para serem felizes.

Os comerciais nos sugerem que há algo muito melhor. Ou que os outros têm algo ainda melhor do que nós. É como aumentar cada vez mais o caldeirão para que ele nunca transborde. Podemos evitar isso diminuindo nosso caldeirão voluntária e conscientemente em vez de aumentá-lo. Assim, ele transbordará mais cedo. Se você jejuar ou comer menos em um dia, apreciará muito mais o pouco que come do que a refeição completa em outros dias.

(David Steindl-Rast)

Meu “diário de orações”

Há alguns anos, comecei a escrever um “diário de orações”, mas não anoto as orações nele todas as noites, mas sim as coisas boas que pude vivenciar naquele dia. Muitas vezes, eu me lembro de pequenas coisas que foram tão agradáveis que as anoto nesse livro. Hoje, por exemplo, houve um vendedor na loja de frutas que quis me dar uma uva para experimentar, mas então desistiu quando percebeu que o talo ainda estava preso a ela – e só depois de retirá-lo é que ele finalmente me deu a uva. Foi deliciosa – que milagre. Olhar para trás dessa maneira faz com que muitos dias sombrios se tornem, de repente, claros e repletos de sol – e isso me faz muito bem.

(Angelika Nill)

Nada está garantido

Pequenos momentos de alegria e felicidade podem adquirir profundidade por meio da gratidão. Dessa forma, a gratidão se torna um meio útil de combater a falta de foco – não encobrindo as coisas, mas por meio de um olhar mais atento e vendo a vida como um todo, com momentos alegres ao lado dos momentos difíceis. Então, por exemplo, você pode perceber que é bom ser grato às pessoas que lhe oferecem um sorriso amigável e, talvez, você até responde com um sorriso. Também recebemos coisas boas de muitas pessoas e seres não humanos. Perceber isso pode tornar a vida mais rica e valiosa, além de abrir e ampliar o coração. Deixar de pensar exclusivamente em termos de escassez e descobrir a abundância como um bem positivo abre uma nova perspectiva sobre os outros e sobre a vida. Não podemos existir sem os outros e sem as outras coisas, e perceber isso, por sua vez, pode se tornar uma fonte de alegria e sentimentos amorosos.

(Luise Reddemann)

Concentrar-se nas coisas positivas

Como uma mulher já mais velha, aprendi o seguinte: se eu abordar as situações que encontro todos os dias com boa vontade e aceitação, a vida será mais fácil para mim. Concentro-me no que tenho em mãos e tento ver as coisas sob uma luz positiva e vivenciá-las sem muito estresse. Especialmente em comparação com outros países do mundo, percebo o quanto sou privilegiada por viver aqui na Alemanha, em paz e prosperidade. Isso faz com que muitas pequenas queixas que poderiam ter me irritado no passado se apresentem sob uma luz diferente. Essa atitude contribui muito para a paz interior e a alegria na vida. Há menos espaço para estresse e tristeza prolongada.

(Doris Petrick)

Gratidão do fundo do coração

Estou neste mundo há 76 anos e nunca vivenciei uma guerra. Vivo em um país onde tenho tudo o que preciso. Minha aposentadoria é depositada de forma confiável em minha conta todos os meses e eu canto em dois corais com toda a satisfação. Recebo minha comida do banco de alimentos porque minha aposentadoria é pequena. Sou sinceramente grata por tudo isso. A gratidão torna minha vida mais fácil.

(Renata Lück)

Finalmente desacelerei

Aposentei-me depois de 45 anos e 19 meses de trabalho profissional e descobri que minha vida desacelerou totalmente desde então. Posso fazer "o que eu quiser" e ainda sou paga. Agora percebo como a vida profissional é uma corrida de ratos e fico feliz por tê-la deixado para trás. A serenidade da velhice também é um estado muito agradável!

(Elke Hermanick)

Ver também as coisas bonitas

Muitas coisas bonitas acontecem no mundo e em minha vida – sem que eu precise fazer algo, como um presente. Você só precisa reconhecer e apreciar essas coisas. Até certo ponto, seu próprio reflexo também desempenha um papel na vida: "O copo está meio vazio ou meio cheio?" Tento manter o foco nas coisas bonitas e ser grata. Eu sou eu e tento me concentrar no essencial. E reconheço que nada dura, nada está concluído e nada é perfeito. Isso ajuda – um pouco.

(Gabriele Reich)

Quando não estou bem

Visualizo e percebo quanta necessidade existe no mundo e quantas pessoas têm doenças graves e estão sofrendo, quantas pessoas também estão sofrendo em meio a guerras terríveis. Realmente existe muito sofrimento no mundo. Quando me dou conta disso, eu caio em mim. Então, posso agradecer internamente pelo que tenho, e isso relativiza as coisas. Isso me ajuda a ser realista. Internamente, muitas vezes me torno mais amorosa.

(Katrin Heller)

Coisas pequenas e grandes

Se eu analisar cuidadosamente aquilo pelo que posso ser grata, com o passar do tempo e diariamente, percebo muitas coisas pequenas e, às vezes, até coisas grandes. Tento absorver esses momentos e fixá-los em minha memória. À noite, posso olhar para trás com gratidão e ver todo um buquê colorido de impressões positivas. Isso realmente facilita minha vida, pois significa que, em fases difíceis ou em dias que não estou bem e que são estressantes, consigo permanecer aberta e confiante para o novo dia e para o próximo passo em meu caminho.

(Eleonore Kastner)

Grato pelas surpresas

Simplesmente viver. Esse é o desejo de cada pessoa que passa por necessidades. A resposta à pergunta: "O que você deseja?" é simples: quero simplesmente viver. Quanto mais tempo vivo, mais percebo que, na verdade, não preciso de muito para ser grato pela existência. Simplesmente viver. Essas duas palavras, em sua simplicidade, me dão mais do que um longo discurso ou um livro abrangente podem oferecer. E elas despertam minha gratidão por tantas pequenas e grandes surpresas ao longo do dia.

(Martin Werlen)

Ritual

As mãos como tigela

Estenda as mãos à sua frente em forma de tigela e reflita: o que Deus já colocou em minhas mãos, que experiências, que pessoas me apoiaram e me sustentaram em minha vida? E imagine: O que minhas mãos já criaram, moldaram, colocaram em movimento? Quais pessoas eu já pude tocar com minhas mãos? Onde pude ajudar a levantar outras pessoas com minhas mãos, incentivá-las, fortalecer suas costas? O que essas mãos já fizeram? Quantas bênçãos vieram dessas mãos? Em seguida, pense nos dons e nas habilidades que Deus colocou em suas mãos: talvez força ou criatividade, ternura, clareza? O dom de se conectar com as pessoas, de resolver disputas de modo que as pessoas estivessem dispostas a se dar as mãos novamente? E então você se sente grato por tudo o que Deus fez por meio de suas mãos, por suas mãos terem sido uma bênção para você e para as pessoas.

De braços abertos

Os braços estendidos e levantados para o alto também são um gesto de gratidão desde os tempos antigos. Eram o gesto de oração mais difundido entre os primeiros cristãos. Esse gesto também pode nos ajudar a agradecer a Deus por tudo o que Ele me deu hoje. Esse gesto torna mais fácil pensar em coisas pelas quais posso ser grato. Um gesto também alcança algo. Ele permite que eu me experimente de uma nova maneira. Com meus braços e mãos levantados para o alto, experimento liberdade interior e expansão. Estou aberto para Deus. Sou receptivo a seus benefícios. E sinto como minha alma flui para Ele, como me torno um com sua infinita liberdade e amor.

Aprenda a permitir-se desfrutar

Algumas pessoas ficam com a consciência pesada quando se permitem desfrutar de algo. Uma mulher que cresceu em uma fazenda sempre ouvia de sua mãe que, quando queria brincar, ela tinha coisas mais importantes para fazer e que deveria ajudar seu pai no celeiro. Ainda hoje ela se sente culpada quando se permite simplesmente relaxar e ler um livro. São Bernardo admoestou o Papa Eugênio, que se queixou de estar tão ocupado: “Desfrute de si mesmo!” Porque se não desfrutasse de nada, ele enrijeceria por dentro e não seria mais capaz de ajudar ninguém. Outros ficam com a consciência pesada quando desfrutam de uma boa refeição e de uma taça de vinho. Então pensam nas pessoas que não têm nada para comer. Mas como diz o ditado: “Aquele que não consegue aproveitar se torna desagradável”. Aqueles que não conseguem apreciar a beleza da criação, uma bela música ou uma boa refeição estão suprimindo a vida em si mesmos.

E, então, facilmente tratarão os outros com dureza e os condenarão por se permitirem desfrutar de algo. Essas pessoas doam seu dinheiro aos africanos pobres. Mas se eles o usarem para tomar uma cerveja, eles se irritam e não permitem que a aproveitem.

Permitir-se desfrutar de algo sempre tem a ver com a medida certa e a capacidade de renunciar a isso. Pessoas gananciosas são incapazes de desfrutar. Elas sempre precisam de mais, não conseguem desfrutar o que têm ou comem. Teresa de Ávila escreveu as belas palavras: "Se hora do jejum, jejue, na hora do perdiz, coma o perdiz". Sempre são necessárias as duas coisas: renúncia e prazer. Somente aqueles que conseguem renunciar conseguem realmente desfrutar. Mas aqueles que sempre renunciam facilmente se tornam insatisfeitos.

Hoje em dia, tentam nos vendar uma cultura de indulgência em todos os lugares. Devemos nos presentear com um fim de semana de bem-estar em um hotel caro, onde além de comermos e bebermos bem, também somos mimados com massagens e banhos de sal aromático. Mas o prazer não pode ser comprado. Aqueles que sempre precisam dos alimentos mais caros e finos e das roupas mais luxuosas acham que podem compensar com luxo sua incapacidade de se divertir. Mas aqueles que conseguem viver com simplicidade geralmente são mais capazes de se divertir do que os ricos que vivem em abundância. Muitos de meus confrades que trabalham na África tiveram essa experiência. Quando eram convidados por africanos para sua casa simples, eles ofereciam tudo o que tinham e desfrutavam de uma refeição com eles.

Os confrades sabiam que as mesmas pessoas que haviam colocado tudo diante deles teriam que desistir de muitas coisas nos dias seguintes. Podemos ter uma experiência semelhante quando saboreamos a primeira fatia de pão após o jejum. É apenas pão, mas de repente sentimos o sabor maravilhoso quando o pão derrete em nossa boca. Portanto, renunciar e desfrutar andam juntos. Aqui, também, trata-se de encontrar o equilíbrio certo para fazer justiça a ambos os extremos.

* * *

Prazer de viver

Viver de forma simples significa: prazer de viver e alegria de viver, de modo a não se orientar por *status* e símbolos de *status*, mas, ao mesmo tempo, não ser vítima de estar obcecado com segurança, mas que, de forma otimista (sem ser ingênua), celebra a vida em harmonia com os outros.

(Klaas Huizing)

Sabor verdadeiro

Você pode reaprender a saborear. A melhor maneira de fazer isso é cozinhar. Com ingredientes frescos! De preferência da região. Tire um tempo para comer e mastigar bem! Toda região tem suas próprias especialidades e pode se orgulhar delas.

Vegetais de sua própria horta, seus próprios tomates, pepinos cultivados em casa: é maravilhoso colher e processar suas próprias frutas e legumes! E se você não tiver seu próprio jardim: o peitoril de uma janela já basta. Eu mesma cultivo ervas na minha varanda, tomates e pimentões. Apenas um punhado. Mas tenho orgulho deles e, quando os preparo, eles ficam ainda mais saborosos.

Até fazer pão pode deixá-lo feliz! Com boa manteiga e um pouco de sal – um verdadeiro luxo. E uma verdadeira delícia! Ou um bom vinho, um pedaço de queijo – eu poderia viver disso e apreciar isso todos os dias. Frutas e legumes de vez em quando, raramente um pedaço de carne de animais criados de forma humana. Isso já seria alguma coisa! Mas a cultura gastronômica não se refere apenas ao que está em seu prato. Ela também inclui as pessoas de quem você gosta, o tempo, o amor e a atenção plena ao cozinhar. Sim, e depois: comer com prazer. Uma ou duas taças de vinho também são bem-vindas.

(Sarah Wiener)

Fazer o que me faz bem

Farei 27 anos daqui a duas semanas. Começarei a faculdade no outono e aqui estão alguns dos meus rituais sobre o tópico "O que torna minha vida mais simples":

Na verdade, o cochilo da tarde: ele me relaxa e depois me sinto descansada, cheia de energia para as tarefas após o almoço.

Dançar e cantar com boa música.

Cercar-me de pessoas positivas que me fazem bem e com quem posso rir.

Visitar festivais.

Passear pela cidade: simplesmente descobrir cidades estrangeiras.

Fazer faxina – e me sentir bem depois.

Desentulhar (o que eu preciso e o que é supérfluo?): minimalismo.

Ouvir um *podcast.*

Tomar sol (vitamina D) no jardim. Refletir e ler livros.

Desenvolver uma visão, o que significa dedicar tempo conscientemente a metas e sonhos.

Continuar a estudar com seminários, cursos etc.

Atividades esportivas: sinto-me melhor e mais despreocupada depois de praticar esportes.

Tempo para mim: reservar um tempo para mim e fazer o que me faz bem – seja tomar um café da manhã farto em paz, cozinhar e saborear meu prato favorito, assistir a um filme e relaxar no sofá, um dia no lago, descobrir um novo *hobby*, experimentar atividades cheias de ação, umas férias curtas (sair da Áustria por um tempo), uma noite de beleza, conversar com os amigos – conversas profundas ou fazer uma caminhada.

Em geral: sem pressão e fazendo o que me faz bem.

(Anna Krallinger)

Diariamente

Experimente a grande felicidade nos pequenos momentos do dia a dia: ao morder a casca fresca do pão, ao cantar uma música, ao acariciar e ser acariciado, um vinho bem gelado, um poema do dia. Experimente toda a felicidade da vida em um instante.

(Friedrich Schorlemmer)

Desfrutar daquilo que está disponível

Viver com simplicidade significa aproveitar o que está disponível. Pão ou *cheesecake*. Admito que isso é mais fácil quando ambos estão disponíveis. Por outro lado, eu – como muitos outros antes de mim – percebi, em uma viagem à África, que as pessoas que vivem em circunstâncias simples não são mais infelizes. Não importa o que elas têm, desde que suas necessidades básicas – alimentação, segurança, senso de pertencimento – sejam atendidas.

(Susanne Niemeyer)

Quem compartilha alegria tem mais

As pessoas generosas nos oferecem seu interesse alegre, seu reconhecimento, sua gratidão pelo fato de a vida estar indo bem para nós neste momento. Quando experimentamos o favor de outra pessoa, sentimos uma forte conexão uns com os outros – e somos gratos por isso. Uma pessoa verdadeiramente generosa não dá de forma calculista, mas por ter uma alma rica. Ela nos dá algo, não porque nos deve algo, mas porque se sente feliz em ser generosa. E esse presente, mesmo que seja "apenas" um sorriso radiante, é um tesouro pelo qual podemos ser gratos.

(Verena Kast)

Ritual

Totalmente no paladar

Experimente mastigar uma fatia de pão bem devagar e sentir o gosto do pão. E você não precisa se limitar ao pão. O importante é que deixe o alimento derreter em sua boca e que sinta seu sabor. Tente sentir o gosto. Talvez você se sinta como Marcel Proust, o escritor francês que, quando comeu um pedaço de massa e tomou um gole de chá, teve uma profunda experiência mística de conexão, na qual percebeu: nunca mais estarei sozinho. Quando estiver comendo ou bebendo, tente fundir-se completamente com seu paladar. O que você está sentindo? Você sente o gosto da doçura de Deus da qual falavam os místicos da Idade Média? Ou você sente algo como um êxtase em Deus? Porque o alimento que saboreamos é sempre um presente de Deus, no qual podemos sentir a bondade e a doçura de Deus.

Presencializar

Sente-se e repasse o dia em sua mente. Quando você esteve totalmente presente? Que momentos você saboreou? Você consegue se lembrar do que comeu? Você conseguiu saborear a comida? Ou quando seus olhos perceberam e admiraram algo? Onde você conseguiu se esquecer de si mesmo enquanto ouvia? E que cheiros captaram seu nariz? Quem você tocou hoje e como você tocou as pessoas, como você tocou a si mesmo? Não se irrite se o dia não tiver sido agradável, mas tente saborear esse momento agora. Agora você está aqui, sozinho, somente diante de Deus e em Deus. Você não precisa fazer nada agora. Tudo o que passou por você durante o dia agora está presente. Você percebe o momento agora e tem tudo o que precisa. Você tem o próprio Deus, que lhe dá o prazer mais profundo que existe, o prazer de seu amor.

Viver com a natureza e na natureza

Em 1755, o livro de Jean-Jacques Rousseau sobre a origem da desigualdade entre os homens teve grande repercussão. A Rousseau é atribuída a famosa frase "de volta à natureza". Ela se baseava na convicção de que, se voltássemos à natureza, nós estaríamos numa situação melhor e a desigualdade entre nós se resolveria. Na época, porém, muitos consideravam isso romantismo. E ainda hoje, esse apelo parece bastante romântico. A natureza não é apenas romântica. Ela sempre assustou as pessoas quando tempestades e enchentes destruíam vidas. No entanto, sentimos que a alienação da natureza é prejudicial para nós e para o nosso futuro. Precisamos de uma atitude reverente em relação à natureza. Albert Schweitzer formulou isso como "reverência pela vida".

A natureza sempre foi a professora da humanidade. Aprendemos com as estações, que, depois da primavera e do verão, vem o outono, quando as folhas caem. Mas, ao mesmo tempo, o outono nos mostra as cores mais brilhantes e suaves, uma imagem de como nossa velhice poderia ser. A árvore nos ensina que precisamos de raízes para sobreviver. As flores nos lembram de nossa própria beleza e nos ensinam a nos esquecermos de nós mesmos no processo de olhar para a beleza, a fim de ficarmos completamente absorvidos pela vista.

Hoje, até os cientistas falam em tomar um banho de floresta, que faz bem para o corpo e a alma. Mesmo sem pesquisas científicas, sabemos que faz bem caminhar na natureza, fazer uma caminhada na floresta. A natureza não julga. Sentimos que pertencemos a ela. Temos a permissão de estar lá. Há algo de maternal na natureza. Nós nos sentimos seguros nela. Quando nos deitamos em um campo no verão, podemos nos soltar completamente. Somos um com a natureza um conosco mesmos e um com Deus. E na natureza, compartilhamos a vida da natureza. O vento leva toda a poeira que se acumulou em nós. O sol nos aquece e nos permite sentir o amor de Deus em nossa pele. Quando caminhamos pelo campo na primavera, sentimos que uma vida nova está florescendo também dentro de nós. A natureza nos ensina o mistério da ressurreição que celebramos na Páscoa.

A natureza é bela. Podemos nos maravilhar diante de sua beleza. O filósofo grego Platão associa a beleza ao amor. Uma bela paisagem gera amor por ela. E o amor nos permite reconhecer a beleza. A palavra alemã "schön" [belo, lindo] está relacionada a "schauen" [olhar, contemplar]. Olhamos para a beleza e nos tornamos um com ela quando olhamos. E como

Deus é a beleza primordial, sempre vemos a glória de Deus na beleza. Mas “schön” [belo] também está relacionado a “schonen” [preservar]. Não posso possuir ou explorar a beleza, tenho que protegê-la. Portanto, precisamos de um relacionamento espiritual com a natureza para podermos realmente cuidar dela e protegê-la. Os apelos morais por si só não são suficientes para preservar a beleza e o poder de cura da natureza para as gerações futuras.

Atualmente, há cursos em que os participantes são convidados a se retirar para a natureza por três dias, equipados apenas com água suficiente. Eles são convidados a encontrar um lugar na natureza onde possam passar o tempo e onde também possam dormir à noite. Eles devem simplesmente ouvir o que a natureza lhes diz. Muitos, então, têm experiências muito profundas. Quando voltam para casa, estão em harmonia consigo mesmos. E percebem que a natureza lhes ensinou a simplicidade da vida. É claro que um curso como esse não é um convite para viver assim o tempo todo. Isso seria idealista e nos sobrecarregaria. Mas lidar com a natureza e senti-la pode nos conduzir à simplicidade, à unidade conosco mesmos e com a natureza e também à unidade com as pessoas, pois todas elas são parte da natureza. Sentimos nossa profunda conexão. E, nessa conexão, nos libertamos de muitas necessidades que, de outra forma, acreditamos ter de satisfazer.

***

O consolo das árvores

Às vezes, sento-me embaixo de uma árvore velha, encosto-me nela, faço contato interno com ela, sinto a conexão e falo sobre os problemas que me perturbam. E geralmente volto para casa mais leve e mais relaxada. Não preciso de mais ninguém para fazer isso, nem mesmo de um terapeuta. E há árvores por toda parte. Ao me conectar com essa criatura, a árvore, simplesmente sinto uma conexão mais intensa com meu Criador. Isso me deixa grata e me dá esperança, mesmo em tempos difíceis.

Também organizo peregrinações para iniciantes. Tento ensinar as pessoas a caminhar com simplicidade na natureza e, assim, trazer a conexão com o Criador para o coração. Isso também é recarregar suas baterias, é simplesmente: maravilhoso.

(Silvia Thalhammer)

Anselm Grün: O que Silvia Thalhammer escreve sobre suas experiências com as árvores me lembra da sabedoria dos povos indígenas do Peru. Nosso antigo abade Fidelis viajou muitas vezes ao Peru e conversou com os indígenas. Eles acreditam que, se eu ficar em frente a uma árvore, completamente aberto para o seu brilho, o amor fluirá da árvore para mim. O abade Fidelis experimentou em suas próprias palavras o que os indígenas lhe disseram. E disse: "É realmente assim: se eu ficar de braços abertos perto de uma árvore e me permitir a ser completamente envolvido por ela, consigo sentir como o amor flui para mim a partir dela. Essa experiência corresponde à teologia bíblica da criação: Deus criou o mundo e o permeia com seu amor. O amor de Deus flui em nossa direção por meio da natureza, das árvores e das flores, da água cristalina de um riacho nas montanhas. Tudo que precisamos fazer é abrir-nos para a presença desse amor.

A harmonia da criação

Em um sentido mais profundo, simplicidade não é a capacidade de fazer ou não fazer algo. Em sua origem, é uma maneira de pensar, sentir e ver o mundo. A criação é harmoniosa nessa origem; todas as suas partes estão relacionadas umas às outras de forma significativa. Ela se expressa, por exemplo, como a música das esferas, como Goethe a chamou no prefácio de *Fausto*, ou em um louvor cósmico, como São Francisco de Assis a entendia.

Nós, humanos, perdemos o senso e a visão dessa harmonia e agimos contra ela todos os dias. Esse é o pecado original da humanidade. Nossa tarefa urgente é recuperar o senso dessa harmonia da criação. Então, aos poucos, nós mesmos voltaremos a ser simples e sentiremos como todas as partes do mundo e nossas vidas pessoais estão significativamente inter-relacionadas e em um equilíbrio delicado. Se essa continuar sendo nossa atitude fundamental em relação à vida, então a vida cotidiana se organizará automaticamente de acordo com essa simplicidade. E enquanto pudermos permanecer com esse sentimento básico, será fácil tomar todas as decisões, sejam elas grandes ou pequenas, no espírito de uma simplicidade cada vez mais transparente e decisiva. Precisamos ter a coragem de tentar.

(Martin Kämpchen)

Presenteado pela natureza

É segunda-feira de manhã e o calor no fim de semana foi insuportável. Em uma bela caminhada na manhã de domingo pela bela natureza aos pés dos Alpes (moro às margens do Lago de Constança), as altas temperaturas – às sete horas da manhã – me fizeram pensar. A mudança climática, seja ela natural ou causada pelo homem, veio para ficar e é possível ver que o calor está afetando cada vez mais as florestas. Mas antes de me afundar em tristeza e me preocupar com o que está por vir, prefiro me lembrar das palavras de meu pai, que costumava me dizer em todos os momentos difíceis: “Filho, não se preocupe. Depois da chuva sempre vem o sol”. Agora, ainda mais sol seria fatal, mas, em última análise, as palavras de meu pai não falam do sol, mas da esperança de que os momentos fáceis sempre virão depois dos momentos difíceis. E quando me levantei às seis horas da manhã desta segunda-feira e olhei pela janela, fiquei fascinado ao ver o sol abrindo caminho por entre a primeira névoa da manhã. O orvalho na grama irradiava um frescor maravilhoso. Tenho a sorte de viver ao ar livre e, por isso, fui presenteado com essa bela imagem das primeiras nuvens de neblina sobre os campos. Essa imagem de frescor natural após um fim de semana quente e úmido me motivou a me levantar, pegar minha bicicleta e fazer um pequeno passeio de bicicleta. E durante esse exercício ao ar livre, também fui presenteado com outras belas imagens da "Mãe Natureza".

Senti uma gratidão imensa e percebi que Deus tem boas intenções quando apreciamos e honramos a natureza. Em última análise, esse sentimento de gratidão foi o começo ideal para o dia e o início da semana. E eu gostaria de motivar outras pessoas com minhas falas a irem para a natureza de manhã cedo para serem agraciadas com a "maravilha da natureza".

(Berthold Porath)

Um pequeno banho na floresta

Logo de manhã, após o café da manhã: fazer uma caminhada tranquila e relaxada de mais ou menos 45 minutos. Admirar a natureza e a escutar.

Mas também: fazer o que gosto e o que tenho vontade de fazer. Isso inclui o conserto de pequenos eletrodomésticos ou das ferramentas de jardinagem. É simplesmente uma alegria quando as coisas podem ser usadas novamente.

Ou ainda: pegar um livro e ler na floresta – um tipo especial de banho na floresta, só para mim...

(Dieter Braunstein)

Conexão gera paz

Na hora do almoço, sempre me afasto do trabalho e faço uma caminhada na floresta de mais ou menos uma hora; às vezes caminho devagar, às vezes rápido, às vezes com um colega de trabalho, às vezes sozinho. Gosto da natureza, das árvores, do ar fresco e sei que as plantas estão conectadas umas às outras. Volto feliz da floresta para o trabalho. Certamente estou mais aberto às pessoas que me procuram. Assim como a natureza está conectada, as pessoas também estão. É assim que sempre consigo encontrar distância e paz.

(Peter Geiser)

Dedicação e esforço

Já quando ainda era adolescente, o consumismo me parecia estranho, essa obsessão pela vida por meio de coisas. O que eu desejava era uma vida intensa, pura e sem disfarces, perto da natureza. Água, espaço, liberdade: navegar entre as 40.000 ilhas do arquipélago de Estocolmo em um barco a vela, ancorar ao lado de uma ilha, encontrar um lugar para dormir em algum lugar. Sem distrações, completamente no presente. Lidar com a resistência dos elementos e vivenciar algo que é essencial. É fundamental sentir seu próprio corpo em movimento, conhecer a si mesmo no esforço, estar consigo mesmo, simplesmente ser.

A dedicação à música é semelhante em um nível diferente, mental e emocional: abrir os ouvidos para coisas novas, ouvir com atenção, praticar de forma concentrada e intensa, entender e se apropriar de sons complicados e desconhecidos – mesmo com erros e resistência. Pode ser exaustivo! Mas esse esforço também é intensidade, vida, alegria. "Viver com simplicidade" também é a experiência de que algo complexo e difícil se torna realidade e pode ser vivenciado, ouvido e até sentido – e ganha vida.

(Åsa Åkerberg)

Aprender com os jumentos

Eles simplesmente vivem – e eu tenho vivido com eles por uns três anos ou mais: com os dois jumentos Freddy e Fridolin. Eles têm o poder de um terapeuta. Nos encontros com eles, as pessoas experimentam: presença absoluta, total ausência de reservas, afeto genuíno, autenticidade convincente e até mesmo vitalidade profunda. Enquanto moldo minha vida, eles são sempre eles mesmos: completa e totalmente burros. Eles não precisam se esforçar para ser assim. Quanto posso aprender com eles!

(Rainer Hagencord)

Ritual

Totalmente nos sentidos

Caminhe lentamente por uma floresta ou um campo lindo. Tente ficar completamente imerso em seus sentidos. Observe a beleza das árvores, a incidência dos raios solares, a maravilha das raízes agarradas a uma pedra. Ouça o canto dos pássaros, o som do vento. Sinta o aroma da floresta, o sabor dos campos. Sinta o vento em sua pele, acariciando-o com ternura, ou o sol quente que lhe permite experimentar o amor de Deus. Simplesmente pare e deixe-se envolver pelo mistério da natureza. E sinta que você faz parte dessa natureza, que a natureza não o julga, que ela lhe permite estar nela do jeito que você é, que você sente sua segurança como se ela fosse uma mãe.

Paz interior

Aproveite uma linda noite de verão. Sente-se num banco e contemple a natureza. Ouça o chilrear dos grilos e o som suave do vento. E simplesmente observe o pôr do sol e as cores que ele provoca no céu. Aproveite a paz e a tranquilidade da noite de verão. E tente simplesmente ser grato, esquecer tudo o que o tem puxado para baixo, tudo o que o tem entristecido durante o dia, tente deixar todas as suas preocupações para trás e apenas olhe e ouça. Então, a beleza da natureza também penetrará seu coração. E a tranquilidade da natureza lhe dará paz.

Confiança, esperança, fé

A fé tira a pressão de mim. Quando tomo decisões não passo a noite inteira pensando nas consequências da decisão ou se teria sido melhor tomar uma decisão diferente. Decidi com base no conhecimento que tinha e com base em minha consciência. Agora confio que Deus abençoará essa decisão e que ela trará bênçãos para todos. A fé me livra da necessidade de ficar me questionando constantemente se sou bom o suficiente, se as pessoas me reconhecerão, se gostarão de mim. A fé me diz: "Sou incondicionalmente aceito por Deus. Posso ser quem eu sou. E tenho apoio. Não importa o que aconteça, nunca cairei das boas mãos de Deus".

Para São Bento, a fé em Deus também se expressa na fé nas pessoas. São Bento exorta os monges a reconhecerem Cristo em cada irmão e irmã. Não julgo as pessoas com base em meus preconceitos. Vejo a essência boa em cada pessoa, ou pelo menos seu desejo de ser uma pessoa boa. Quando olho para as pessoas dessa forma, posso confiar nelas. E essa confiança torna mais fácil lidar com as pessoas. Se eu for para a zona de pedestres cheio de medo porque vejo um possível criminoso em todos, então cada encontro com as pessoas se torna estressante.

A fé em Deus também significa confiar na vida. Confio que Deus protege e acompanha minha vida e a vida das pessoas que amo. A fé em Deus me livra do medo do que pode acontecer. Quando oro "Que seja feita a tua vontade", a confiança cresce em mim: não importa o que aconteça, será bom para mim, mesmo que envolva doença ou até mesmo a morte. Sempre terminará bem porque vejo meu destino em Deus e, não importa quando, cairei em suas mãos misericordiosas.

Muitas pessoas me dizem: "Não consigo acreditar". Então, sempre pergunto o que elas entendem por fé e o que acham difícil de acreditar. Muitas vezes, são crenças nas quais não conseguem acreditar. Tento então explicar a elas que todas as frases que dizemos no credo, por exemplo, querem manter aberto o mistério daquilo que Deus é e que nunca poderemos compreendê-lo totalmente. Outros entendem que fé significa confiança. E acham que não conseguem confiar em Deus, nem nas pessoas, nem em si mesmos. Então, não adianta dizer a eles que precisam decidir em prol da fé. Porque isso não é possível. Mas eles podem tentar recitar frases da Bíblia para si mesmos e fingir que são verdadeiras. Por exemplo, se eu recitasse o versículo do salmo "O Senhor é meu pastor, nada me faltará", posso sentir: Como me sentiria se essa frase for verdadeira?

A fé também é um experimento, uma tentativa de confiar nas palavras da Bíblia. E fé significa saber que sou amparado por Deus, independentemente da situação em que me encontre. Assim, a vida se torna mais fácil. Então, não preciso de um seguro caro contra todas as eventualidades da vida. Mas a fé é sempre desafiada pela dúvida. A dúvida é uma parte essencial da fé. Ela me força a me perguntar repetidas vezes: O que Deus significa para mim? Quem é Jesus para mim? Como posso entender a salvação, como posso imaginar a vida eterna? A dúvida mantém minha fé viva, de modo que luto constantemente para recuperar minha fé.

Aos outros que me dizem que não conseguem acreditar, eu respondo: suas palavras me dizem que você anseia por fé. E então lhes ofereço as palavras de Antoine de Saint-Éxupery, que certa vez disse que, no anseio por amor, o amor já está presente. Portanto, também podemos dizer: no anseio pela fé, a fé já está presente, e no anseio por Deus, Deus já está em você. O anseio é o rastro que Deus inscreveu em seu coração.

***

Uma orientação vitalícia

Se eu sei o que ou quem é o verdadeiro centro, o significado, a medida, o amor em minha vida, então "viver com simplicidade" significa a tarefa vitalícia de me realinhar constantemente em direção a esse centro – e, ao mesmo tempo, a serenidade para aceitar que eu me desviarei dele muitas vezes. Se fôssemos capazes de nos tornar mais permeáveis à própria vida e, portanto, também àquele que nos dá essa vida e quer nos encontrar a cada momento, provavelmente estaríamos um pouco mais livres do medo e mais vivos.

(Katharina Schridde)

Uma melodia inconfundível

Não existe simplicidade definitiva, nem felicidade perfeita. Isso depende da direção. O fator decisivo é o movimento em direção à simplicidade e à felicidade. Também experimentei isso com minha fé durante minha vida como cristão: ela se tornou cada vez mais simples. No início, eu via os muitos aspectos externos da fé: cultos na igreja, comunhão, confirmação, músicas, orações, histórias bíblicas, rituais, reuniões, festivais, instituições, caridade, organizações, doações. Mais tarde, como estudante de teologia e pastor, todo o contexto filosófico, a doutrina da morte sacrificial de Cristo, a pecaminosidade das pessoas que precisam de redenção, a Trindade, as confissões, a compreensão do ministério – e muito mais.

Muito disso tem passado para o segundo plano. O que permaneceu foi uma melodia sincera e inconfundível. É a canção da força do amor, do poder da impotência, da humanidade de Deus. É isso que nos une.

(Tiki Küstenmacher)

Anselm Grün: Essa é uma imagem linda que o ilustrador e pastor protestante Tiki Küstenmacher encontrou para a fé. Não se trata de batalhas teológicas por direção e explicações teológicas complicadas. A fé é "uma melodia inconfundível que alcança o coração". A melodia ressoa em mim, cria uma atmosfera de segurança e amor, de leveza e liberdade. Nessa atmosfera que a fé cria em mim, a vida se torna mais fácil e mais simples, sem medo, sem a pressão de ter que ter uma crença perfeita, sem discussões sobre como devemos falar adequadamente sobre Deus e Jesus Cristo.

Nunca estou sozinho

Sentir a presença de Deus em minha vida torna muitas coisas mais fáceis. Compartilho meus pensamentos com Ele, peço que Ele me ajude a tomar as decisões certas e, sim, às vezes até converso com Ele. Saber que nunca estou sozinho torna minha vida mais fácil e, acima de tudo, rica e profunda.

(Gil Fundeis)

Uma oração que vem do coração

Mesmo quando ainda era uma criança muito pequena no culto dominical, eu sentia que havia algo especial. Naquela época, eu realmente gostaria que alguém tivesse me contado como a fé funciona. Foi só muito mais tarde que ouvi falar da "Oração de Jesus" da Igreja Oriental e, aos poucos, fui me familiarizando com ela.

Hoje, a oração curta (usando apenas "Jesus" ou "Aba" e "Obrigado") é uma grande ajuda e alívio – em situações difíceis, mas também no dia a dia normal. Quando a corrida de ratos fica cada vez mais rápida, posso usar a oração para sentir o que realmente importa: que basta fazer o que é fácil. Essa oração me acompanha em minha caminhada matinal de oração até a colina do castelo e continua a ter efeito durante todo o dia. E tudo se torna mais fácil.

(Gabriele Kubelka)

Não é um programa de calouros

Existe uma música do cantor de música *country* Garth Brooks: *Unanswered Prayers* (Orações não respondidas). Fala das orações que não foram respondidas. Tenho uma lista completa delas: muitas vezes não recebi o que pedi a Deus. Pelo menos à primeira vista. Na maioria dos casos, porém, isso foi bom. Ou: foi ainda melhor para mim. Jesus nos incentiva a pedir. Talvez possamos expressar o que Ele quer dizer com isso de uma maneira diferente: sinta-se à vontade – não finja. Diga-me quais são seus desejos, sonhos e vontades. Em um relacionamento vivo, isso é permitido. Portanto, todos os meus desejos, não apenas os desejos piedosos – tudo é permitido. Na verdade, isso é algo natural entre amigos. E com Deus? Às vezes, sinto que estou em um programa de calouros em minha vida de fé: Deus é o júri e o que importa é o desempenho, ou seja, dizer a coisa certa, acreditar na coisa certa, sentir a coisa certa e querer a coisa certa. É assim que julgo meus desejos. Eles são suficientemente santos? Eles atendem aos critérios de Deus? Mas a questão é: Eles podem ser assim? Sem filtros, exatamente como são? Afinal de contas, o que eu desejo diz algo sobre o que sou em minha essência. É claro que isso me torna vulnerável. Mas será que Deus não vive também em nosso anseio? Se eu conseguir enxergar as coisas dessa forma – fica mais fácil para mim e posso simplesmente mergulhar na vida.

(Ruedi Josuran)

Anselm Grün: Diante de Deus, não precisamos examinar nossos pedidos para ver se são apropriados ou não. Tudo é permitido diante de Deus, até nossos pedidos, às vezes banais, de que faça sol hoje porque estamos planejando uma excursão. Tudo é permitido. E é bom expressar o que nos move diante de Deus sem julgar se isso corresponde à vontade dele. Mas, no final de todos os pedidos, há sempre a palavra da oração do Pai-nosso: "Que seja feita a tua vontade!" Se expressarmos nossos pedidos com toda a ousadia, também devemos estar dispostos a nos confiar à vontade de Deus, porque esperamos que sua vontade seja a melhor para nós, mesmo que ela não corresponda à nossa vontade superficial, mas à sabedoria mais profunda de nossa alma.

Dá-me força!

Não quero me queixar, mas achei que minha velhice seria mais fácil. Eu não poderia imaginar como seria cuidar de meu parceiro doente por tantos anos. Hoje eu aceito a situação como ela é todos os dias e tento não perder meu senso de humor. O que me ajuda é um poema de Eichendorff, porque me reconheço nele: em meu fardo, mas também em minha fé e na esperança de poder invocar um poder – e também exigir que ele me dê forças para "suportar o que não quero":

"O que eu queria está destruído, Senhor,
Deixo de me queixar,
E o coração está quieto.
Mas agora, dá-me força
Para carregar o que eu não quero!"

(Charlotte König)

Anselm Grün: É admirável a responsabilidade de assumir o ônus de cuidar de um parceiro doente por anos dessa maneira. Certamente ajuda cuidar bem de si mesmo e aceitar seus próprios limites. Mas o outro caminho que Charlotte König segue é igualmente útil: inspirar-se em um poema. O poema não exige nada, ele descreve sua situação, mas ao mesmo tempo transmite a esperança de que Deus lhe dará forças para suportar o que ela não escolheu. Ela não queria que seu parceiro adoecesse. Mas agora ele está doente há muito tempo. Não ajuda permanecer no papel de vítima, mas – ao fazer isso – saber que está conectada à fé de Eichendorff, com cujas palavras ela pede que Deus lhe dê forças para suportar o que ela mesma não escolheu. Ao admitir com Eichendorff que ela está sobrecarregada e, ao mesmo tempo, permitir que seu coração se aquiete sem se preocupar constantemente com o fardo, ela também crescerá na confiança de que Deus lhe dará a força necessária para suportar sua situação como ela é.

"Eu estou aqui"

Não é tão fácil assim. De manhã, compro um pepino orgânico e ele não vem da horta do vizinho, mas da Espanha. À tarde, decido ser mais compreensiva e, então, uma em cada cinco pessoas vota no partido da extrema-direita e eu desanimo.

Há dias em que Deus se esconde e eu fico sem fôlego quando estou meditando.

A vida não é para amadores. Nada permanece igual. A dúvida reaparece todos os dias. Quanto menos eu a temo, menos poder ela tem sobre mim. Aprendo a amá-la. Ela me mantém desperta, me faz pensar. Preciso dela para não me deixar seduzir por aqueles que prometem respostas fáceis. Isso pode ser exaustivo – se não fosse pela confiança que permanece gentilmente ao meu lado.

"Eu estou aqui", ela promete. Essa, por sua vez, é uma frase muito simples. Eu a ouço e a recito, de manhã e à noite. Quando tenho dúvidas, faço isso com uma frequência ainda maior.

(Susanne Niemeyer)

Paz de espírito

Na confusão barulhenta do presente, mantenha a paz em sua alma por meio de pensamentos positivos e da oração. Em primeiro lugar, a Oração do Senhor é importante, especialmente o pedido: "Seja feita a tua vontade": é bom reconhecermos que nem tudo acontece de acordo com nossos desejos e expectativas muitas vezes exageradas e que a natureza nos mostra os limites. As pessoas podem querer o que quiserem. O destino (Deus) decide o que de fato acontece ou nos acomete.

(Herbert Fuhrmann)

Contemplação

Nestes tempos muito agitados, frequentemente me sinto sobrecarregada, mesmo em nossa comunidade, e é por isso que reintegrei o tema da contemplação e da vida contemplativa em meu dia a dia. Isso me ajuda a sentir calma e paz em quase todas as situações. A oração contemplativa agora se tornou uma "estratégia de vida" para mim. Posso vivenciar isso por mim mesma como paz divina e, assim, descobrir e ver a beleza em todas as situações.

(Beate Eichler)

No espaço do silêncio

Agora tenho mais de 90 anos de idade, meu marido morreu alguns anos atrás, e meus olhos estão ficando cada vez mais cegos. Mas continuo meditando todos os dias, em silêncio. Quando as pessoas me perguntam: "O que a meditação lhe proporcionou?", só posso dizer: "Minha vida inteira mudou porque experimentei outro nível – abaixo da superficialidade e de todas as dificuldades. Quando fico em silêncio na meditação diária, sinto paz, calma e alegria. É um espaço no qual Deus habita. No entanto, para vivenciar isso, é preciso praticar.

O silêncio é importante porque cria um espaço aberto no qual a vegetação rasteira da vida cotidiana deixa de obstruir nossa visão – porque podemos nos despir da superficialidade e entrar em contato com o que está nas profundezas – como nosso alicerce que realmente nos sustenta. Deixamos o barulho para trás, desligamos o rádio em nossa cabeça. As muitas vozes precisam se calar para que possamos ouvir a voz una.

A prática de sentar-se em silêncio, concentrar-se no agora, abrir mão de nossa própria vontade enquanto nos concentramos na respiração, tudo isso nos ajuda a vivenciar nosso próprio fundamento. Essa é a experiência central: que uma extensão infinita se abre, liberdade e alegria, mesmo que você esteja atormentado por medos e problemas. No entanto, também é necessário praticar isso para que se torne parte do dia a dia.

Minha experiência é que nada muda e, no entanto, tudo se torna diferente. Tudo se torna mais fácil: você não fica mais preso às coisas. Você faz o que tem que fazer com uma serenidade mais intensa, até mesmo com mais alegria. A vida cotidiana perde sua importância animalesca. Talvez você esteja até mais atento – em outras palavras, mais alegre. Mas você também volta a tropeçar. Também me pego percebendo que o ego permanece, ele não está morto. Preciso continuar meditando.

(Gisela Zuniga)

Impregnada de amor

Para mim, “viver com simplicidade” significa ousar viver sua própria vida, para a qual não existe um modelo. Como cristã, tenho a certeza de que sou permeada e sustentada pelo amor incondicional de Deus. Nenhum aspecto da vida humana é estranho à Bíblia. E há mais de 2.000 anos Jesus Cristo nos mostrou como podemos viver de forma simples, confiando na vida e rompendo as convenções, com o apoio de Deus. Isso me incentiva hoje a me esforçar novamente, todos os dias, para estar completamente atenta a fim de experimentar liberdade e paz interior.

(Christine Radtke-Schramm)

O que sustenta

Minha vida se torna mais simples com minha oração matinal, com o *Te Deum* seguido de uma meditação. Fortalecida, posso então começar o dia e me envolver com as pessoas que encontro e com quem trabalho.

À noite, encerro o dia com a oração noturna do *Te Deum* e uma oração pela paz mundial. Em meus pensamentos tento repetidamente, apesar de todas as perturbações e guerras, confiar em Deus e, portanto, na vida, especialmente neste momento. E... sempre consigo alcançar um pouco mais com o passar dos anos. Mais confiança, mais serenidade: isso me ajuda a superar os momentos de crise.

(Gaby Fehmer)

Estamos nas mãos dele

Minha esposa morreu de câncer em 2007. Depois disso, procurei o aconselhamento para lidar com meu luto. Fiz trabalho de acompanhamento voluntário por dez anos. Aprendi a ajudar a tornar as situações mais suportáveis durante essas fases da vida. Sinto a mesma coisa com minha parceira. Nós nos conhecemos desde 2012, e ela também está convivendo com câncer desde então. Moramos juntos em Munique há dois anos, depois de 50 anos em Hamburgo, para estarmos próximos dos netos dela. E isso nos faz muito bem.

Em suma: o fator decisivo é a confiança em Deus. Porque estamos todos nas mãos dele e não podemos cair mais.

(Herbert Jochen)

Ele está aqui

Deus torna a vida mais fácil? Ou mais difícil? Uma árvore torna a vida mais fácil ou mais difícil? Se você procurar uma sombra, ela facilita a vida. Se você bate numa árvore com o carro, isso torna a vida mais difícil. De qualquer forma, o importante é perceber que Deus está aqui.

(Susanne Niemeyer)

Ritual

Reconhecer o sagrado em cada um

Imagine pessoas individuais que você encontrará hoje. Tente olhar para cada uma dessas pessoas sem julgá-la e ver o que há de bom e de belo nela. Você não deve analisá-la. Simplesmente olhe para ela, sem preconceitos, e tente imaginar que você reconhece Cristo nessa pessoa, que há um núcleo bom nela, algo sagrado que é separado deste mundo, que essa pessoa deseja ser boa, apesar de todas as suas limitações e dificuldades. Em seguida, imagine como você vai ao encontro dessa pessoa. Com certeza, você a verá de forma diferente sem os preconceitos com os quais você normalmente olha para as pessoas. Pratique essa visão conscientemente por um dia e pergunte a si mesmo no final do dia: Consegui conhecer as pessoas de forma diferente? As pessoas se mostraram de forma diferente?

Reconciliação com Deus

Que imagens você criou de Deus? Sua vida confirmou suas imagens de Deus ou as questionou? Do que você acusa Deus? Escreva uma carta para Deus. Nela, você pode acusar Deus de qualquer coisa que seja difícil para você. Mas, em seguida, pergunte a Deus repetidas vezes em sua carta o que Ele quis dizer com tudo isso e qual é a intenção mais profunda dele com você. Em seguida, tente escrever para Ele que você o aceita como o Senhor do Céu e da Terra e também como seu Senhor pessoal. Peça que Ele lhe dê paz interior e reconciliação.

Fontes

Salvo indicação em contrário, as breves contribuições dos autores foram extraídas de uma pesquisa editorial realizada por *Einfach Leben* em 2023, intitulada de "O que torna minha vida mais simples" (consulte *Was mein Leben einfacher macht* (herder.de)).

A *newsletter* da *Einfach Leben* de 1/2020 (em comemoração do 75º aniversário de Anselm Grün). Os artigos de Daniel Hell, Bernhard Uhde, Lorenz Marti, Katrin Göring-Eckardt, Reinhold Messner, Walter Kohl, Karl Rottenschlager, Bärbel Wartenberg-Potter, Sylvia Wetzel, Martin Maier, Karoline Mayer, Michael von Brück, Pierre Stutz, Luise Reddemann, Rainer Hagencord, Katharina Schridde, Tiki Küstenmacher, Susanne Niemeyer, Christine Radtke-Schramm foram extraídos do *newsletter Einfach Leben* 1/2020 (75º aniversário de Anselm Grün).

Os textos de Sarah Wiener, Eddi Hüneke e David Steindl-Rast foram extraídos do volume: Rudolf Walter (org.), *Einfach Leben – wie geht das? Das Buch der Antworten*, Verlag Herder, 2013.

As citações de Rainer Hagencord, Klaas Huizing, Friedrich Schorlemmer, Åsa Åkerberg, Gisela Zuniga e Michael Grün foram extraídas de entrevistas para *Einfach Leben* realizadas por Rudolf Walter.

O texto de John Rodden foi extraído do livro de Gabriele Hartlieb / Christoph Quarch / Bernardin Schellenberger (orgs.) *Spirituell leben. 111 Inspirationen von Achtsamkeit bis Zufall*, Verlag Herder, 2002.

O texto de Verena Kast foi extraído de: Rudolf Walter (org.), *Mit einem weiten Herzen. Haltungen, die gut tun* (Festschrift für Anselm Grün zu seinem 60. Geburtstag), Verlag Herder, 2005.

EDITORA VOZES LTDA.
Rua Frei Luís, 100 – Centro – Cep 25689-900 – Petrópolis, RJ
Tel.: (24) 2233-9000 – E-mail: vendas@vozes.com.br